後悔しない自分になる！
「勝間式」超ロジカル

選択術

勝間和代

プロローグ

選択に関する3つの誤解

私たちの人生は選択の連続です。

就職や結婚といった大きな選択もあれば、コーヒーと紅茶どちらを飲むか、ランチに何を食べるかといった、ささやかな選択もあります。

言い換えるなら、これまでの人生は望むと望まざるとにかかわらず、自分が選択してきた結果の積み重ねです。ちょっとした選択が人生を大きく左右することもあれば、わずかな勇気を出して踏み出した結果、思ってもいなかった世界が開かれることもあります。

そのため、どうすれば最適な選択ができるのか、これまで多くの人が模索してきました。

書店に行けば、選択術についてのさまざまな書籍がありますし、私自身、親しい友人や勝間塾の塾生さんから「どうすれば正しい選択ができるのでしょうか」と相談を受けることもあります。

私の専門領域のひとつである金融においても、選択は大きなテーマです。不確実性の中で利益を最大化する必要がありますから、行動経済学や数学、心理学や社会学などの学術分野で、さまざまなアプローチを通じて、選択のメカニズムを科学的に解明しようと多くの研究者たちが考察を重ねてきました。

まずお伝えしたいのは、選択をする上で、多くの人が誤解しているということです。選択にまつわる代表的な誤解を挙げます。

誤解その1　世の中の選択には正解がある
誤解その2　後悔イコール悪
誤解その3　選択はやり直せない

それぞれについて説明します。

［誤解その1］世の中の選択には正解がある

最初にお伝えしたいのは、100パーセント正しい選択は存在しないということです。

私たちは、さまざまな悩みや課題に対して、たったひとつの最適解があると考えがちですが、それは幻想です。そもそも目の前に100パーセント正しい道と100パーセント間違った道があれば、考える必要すらありません。選択を迫られるのは、どちらの選択肢も不完全だからです。

限られた選択肢の中から、とりあえず少しでもマシそうなものを選ぶ。しばらくやってみて、ちょっと違うなと感じたら軌道修正して、よりよい答えに近づいていく。人生はその連続です。

すべての選択にはリスクとリターンがあります。なかなか選択できないという心理の裏側には、このリスクとリターンの見極めが正しくできない、もしくはわずかなリスクも負いたくないという葛藤があります。しかし残念ながら、リスクを伴わない選択というものはありません。経済学では「フリーランチはない」という表現をします。直訳すればタダ飯はないという意味ですが、成果を手にするには必ず痛みを伴うということです。

100パーセント正しい選択がない理由は、未来が不透明であることに加えて、何をもってリスクやリターンとするかが、人によって異なるからです。どんな人生を送りたいか、どんなリスクなら許容できるのかという行動基準は人によって違いますし、時間の経過とともに変わります。

つまり選択にあたっては、自分自身の現在の軸を知ることが重要です。私は、医学博士のウイリアム・グラッサー氏が提唱する選択理論心理学を学んでから、自分にとってのリスクやリターンをより明確に見極められるようになりました。グラッサー博士は、私たちの心の中に5つの基本的欲求があると定義しています。詳しくは第1章でご説明します。

［誤解その2］後悔イコール悪

選択を迫られたとき、私たちはなるべく後悔したくないと考えます。しかし後悔を伴わない選択というものは存在しません。何をどのように選択したところで、後悔は必ずつきまといます。

最高の伴侶と結婚したと思っても、時間の経過とともにこんなはずじゃなかったと思うことは必ずあります。その結果、日本では3組に1組の夫婦が離婚を選んでいます。

就職も同じです。いくつかの選択肢の中から一生懸命考えて、一番いいと思った会社に入社するはずですが、最初に就いた仕事を天職と思ったまま定年まで勤め上げる人はわずかでしょう。

大事なのは、後悔イコール悪ではないということです。私たちが後悔するのは、学習しているということだからです。

どうせ後悔するなら、なるべく納得できる後悔にしようというのが勝間式 超ロジカル選択術の考え方です。

私は、後悔最小法という表現をしています。どの選択肢をとったところで後悔するわけですから、より自分が受け入れやすい納得できる後悔にするための選択をしましょうということです。だからこそ、やらないことによって後悔が生じるような選択はなるべく避けます。

その上で、なるべく失敗やリスクをリカバリーできるようにバックアップ体制をとっておく。一定の確率で失敗することを見越して物事を組み立てておくという発想です。未来が不確実である以上、失敗する確率を完全に排除することは誰にもできないからです。

一番よくないのは、正しい決断をしなければと思うあまり、選択を先送りにすることです。多くの場合、選択を先送りにしても事態は悪化するばかりです。何もしない限り、時間の経過とともに、選択肢というのは減っていくからです。

もし「自分は失敗することはほとんどない」という人がいたら、それは慎重すぎるのではないかと自問してみたほうがいいかもしれません。**失敗確率が1割以下の人は、後悔するこ**

とが少ないかわりに、変化や成長もありません。

後悔を過剰に恐れず、経験や知識を自分の中に蓄積していくことで、私たちは賢くなり、人生はどんどん楽しいものになっていきます。

［誤解その3］選択はやり直せない

後悔を恐れるのは、ひとたび選択したら最後、やり直しができないと誤解しているからです。そもそも選択は一度きりではありません。生きている限り、何度でもやり直しができます。

多くの人は一発必中で正解にたどり着けると考えがちですが、そんなことはまずありません。むしろ正解にたどり着くために、たくさんの選択を重ねて、失敗や後悔を通じて、少しずつ軌道修正していくものです。

私は「51パーセント以上正しければだいたいオッケー」と考えています。半分よりも正しければ、やり直しているうちに、だんだん正解に近づいていくからです。

サイコロを振るのが一度きりなら、絶対によい目を出さなければと思いますが、現実の人生では、たくさん振ったもの勝ちです。順番を待つ必要さえありません。たくさん振って、トータルでよい目を出して、高いスコアで上がればいいのです。

ただ気をつけなければならないのは、私たちの時間やお金は有限だということです。より自分が幸せになれる選択を重ねていくためには、その配分を考える必要があります。

時間やお金は、私たちのもつリソース（資源）の代表的なものですが、その他にも人間関係や知識・情報、健康などがあります。よりよい選択のために、それぞれのリソースをどのように配分するべきか、本文でお伝えします。

勝間式 超ロジカル選択術とは？

忙しい読者のために、勝間式 超ロジカル選択術の３つのポイントを最初にお伝えします。

1 選択肢を増やす

2 ベターな選択をしやすいように仕組み化する

3 常にバックアッププランを用意する

それぞれについて説明します。

1　選択肢を増やす

選択術と聞いたとき、多くの人は、与えられた選択肢の中から、よりよい答えを見つけるための方法論を想起するのではないでしょうか。

それも大切ですが、勝間式 超ロジカル選択術で重きを置くのは、そもそもどうしたら選択肢を増やせるのかということです。

よりよい決定をするには、４つ以上の選択肢から選ぶことが望ましいと考えています。2つか3つしかない選択肢から選ぼうとすると、どうしても妥協しがちです。かといって選択肢が10も20もあると選ぶのが大変です。

４つ以上の選択肢があれば、まず3つの選択肢を検討する中で、自分の選択基準や優先順位が明確になります。その上で４つ目以降の選択肢と比較することで、より納得のいく選択ができます。

例えば車を買うときは、４台以上の車種に試乗してみることをおすすめします。自分が優先するのは車のデザインなのか、それとも広さ、安全性や燃費なのか、わかるからです。

このことはアメリカの数学者マーティン・ガードナー氏の研究によって実証されています。

「36・8パーセントの法則」と呼ばれるもので、例えば結婚相手を選ぶ際、候補者全体の36・8パーセントを超えるまではお見合いを続け、その後、それまで会った人と比べて一番いい相手を選ぶのがよいという結果が出ています。仮に候補者が10人いるとすれば、まず3人と会ってみて、その中で一番いいと思った人を基準として、4人目以降の候補者から選択するのがよいということになります。

私は普段の買い物でも、時間が許す限り、大きいスーパーマーケットまで足を延ばすようにしています。最寄りの店は小さいので、例えばカレールーを買うにもわずかな選択肢しかないからです。大きな店に行けば、それこそ数十種類もの商品が並んでいますから、たくさんの選択肢の中から自分の好みのものを選べます。

結婚や就職、住宅購入といった人生の大きな岐路においてさえ、2つか3つの選択肢から選ぼうとする人がいますが、危険と言わざるを得ません。そうした状況で、なかなか決められないと悩んでいる人は、目の前に2つや3つの選択肢しかない場合には、その中から無理に選択するのではなく、まず選択肢を増やす努力をしてみてほしいと思います。具体的な方法については本文でご紹介していきます。

2 ベターな選択をしやすいように仕組み化する

多くの人は、本来とるべき選択肢を頭ではわかっていても、手軽さにつられて別の選択をしてしまいます。

例えば、コンビニ弁当で済ませるよりも自炊したほうが安価でおいしく、体にもいいことは、誰もが知っています。ただ、それでもコンビニ弁当を選ぶのは、そのほうが手軽だからです。

私はシャープ ヘルシオのホットクックやウォーターオーブンなどの調理家電を推奨していますが、それは簡単に自炊ができるからです。

よく自宅でスパゲティを作りますが、調理には必ずホットクックを使います。巨大なパスタ鍋で何リットルものお湯を沸かし、コンロの前で火加減を調節し、吹きこぼれたお湯を拭いてと考えると、それだけでいやになりますが、ホットクックに1リットルの水と材料を入れてスイッチを押すだけなら大した手間ではありません。

スパゲティは100グラムごとに結束してあるものを常備しています。わざわざ自分で量るのは面倒で、やらなくなるのが目に見えているからです。一束あたり50～60円ですから、パスタソースや光熱費を入れても、一食あたり200～300円でデュラムセモリナ粉10

0パーセントのゆでたてスパゲティが食べられます。コンビニで売られている量の少ないスパゲティを電子レンジで温めて食べる気にはなれません。

こうした工夫を積み重ねることで、本来とるべき選択を容易にできる仕組みをつくるのが勝間式 超ロジカル選択術の2つ目のポイントです。

3 常にバックアッププランを用意する

100パーセント正しい選択はない以上、選択にあたっては、バックアッププランを準備しておくことが大事です。もし間違っても、後戻りできる道を残しておけば、失うものは最小限にとどめられます。

私は住宅ローンに反対ですが、それは多くの人にとって、失敗したときのダメージが大きすぎるからです。

手に入れた住宅が不良物件だったり、転勤したり離婚したりすることになっても、住まいを手放してローンを清算できる人はわずかです。すぐに買い手がついたとしても、購入価格を下回れば、ローンの残債を返済し続けることになります。

その結果、転職や独立をしたいと思っても泣く泣くあきらめることになる他、子どもの教育や趣味に使えるはずのお金や時間が犠牲になり、将来の選択の幅を狭めてしまいます。

収入の20パーセント以内で住宅ローンを組むのであれば別に止めません。バックアッププランを準備する余裕ができるからです。ただ最近では、共働きのカップルが世帯収入の35パーセント、40パーセントでローンを組むケースも増えています。離婚した瞬間に破綻するパターンです。

選択そのものは何度でもやり直せますが、後戻りできない選択は避けるべきです。将来の選択の幅を狭めてしまうからです。その大きな要因は、時間とお金です。時間とお金については、第2章、第3章で詳しくご説明します。

4つ以上の選択肢を用意する。本来とるべき選択を容易にできるようにしておく。加えて、必ず後戻りできるようにしておく。これが勝間式超ロジカル選択術の鉄則です。

なぜ選択が怖いのか?

選択を先延ばしにしてはいけないと頭ではわかっていても、不安や恐怖などの否定的な感情に支配されて、なかなか踏み出せないことがあります。

これまでやっていたことをやめたり、新しい環境に挑戦したりすることに対する不安は誰にでもあります。実際にやってみると意外と大したことはなかったと思うものですが、選択しようとすると、言い知れぬ不安に襲われてしまうのです。

そもそも人間は現状維持が大好きで、変化したがらない生き物です。これは生物の本能に由来するものです。

いま自分が生きているということは、この場所に、とりあえず生存するための最低限の条件が備わっているということになります。別の場所に行けば、おいしい果実がたわわに実っているかもしれませんが、猛獣や毒蛇がいて死んでしまうかもしれません。であれば生存戦略上、現状維持が有利だと本能は判断します。私たちの意識には、変わりたくないという欲求が遺伝子レベルで刷り込まれているのです。

ブラック企業から転職したいけれども踏み出せない人は、この現状維持バイアスに囚われていることがあります。「辞めたいけれども、次に行った会社の条件がもっと悪くなったらいやだし、新しい環境で一からやり直すくらいなら、我慢できないことはないから、もう少し様子を見よう」と考えるわけです。現状に不満タラタラだとしても、変化の痛みにさらされたくないので、「このままでいいか」と決断を先送りにしてしまいがちです。まさにゆでガエルで、熱湯に入れるとびっくりして逃げ出しますが、水から徐々に水温を上げていくと逃げ出すタイミングを失ってしまうわけです。

転職などの大きな選択に限った話ではなく、日常生活の中でも、意識しない限り、なかなか変わることができません。

私は最近、自家用車を買い足しました。日産のスカイラインに加えてさらにアリアという電気自動車を買ったのですが、納車までの間、わざわざ追加しなくてもよかったんじゃないか、乗り慣れたスカイラインから替える必要があるのだろうかと迷っていました。ところが新車に乗り始めると、これが最高で、買うのを迷っていた気持ちももはや思い出せないほどです。やはり人間、現在のことはディスカウント（割引）して考えるものだなとつくづく感じました。

現状維持は生物の本能ですが、私たち人間には、生き延びるだけではなく、よりよく生きたいという欲求があります。そのためには現状維持バイアスを意識的に外す必要があります。

行動経済学の実験では、私たちが持っているものに対して感じる主観的な価値は、実際の価値の約2倍になることがわかっています。そのため何かを変えようとしても、現状がよほど悪くなるか、新しい選択肢が魅力的なものでない限り、なかなか踏み切れません。

物事を選択するときには、このことを加味する必要があります。**つまり「現状は3割増・**

未来は3割減」に見えるので、現状を3割減、未来を3割増で考えるほうが、フラットな比較ができるということです。

生物は本能で危険を察知することしかできませんが、私たち人間は、将来起こり得るリスクを予測し、備えることができます。これは「計算されたリスク」(calculated risk)といい、リスクマネジメントの基本です。

もしブラック企業を退職するかどうか迷っているのであれば、退職した場合のリスクを計算します。自分が生きていくためのミニマムコストを算出し、現在の貯金や自分のもつスキル、仮に無収入になった場合、何カ月間なら食べていけるかということをすべて定量化します。もし半年、1年は暮らせるだけの貯金ができれば、一気に選択肢が増えます。よりよい人生に向けてリスクをとれるようになるのです。

選択肢が増えるほど人生は自由に楽しく生きられる

選択肢を増やすことは、人生の可能性を広げることです。

私はバイクに乗るのが好きですが、それは移動の選択肢が増えるからです。大型二輪の免許を取ったのは43歳のときです。以来、北海道やアルプスなど、長距離ツーリングを楽しんでいます。思い立ったら出かけられるので、何カ月も前から飛行機や電車の予約を取る必要もありません。

移動の選択肢が増えると、人生の自由度が上がり、世界が広がります。

自動車も同じです。旅行に行くとき、電車や飛行機を利用したり、友人の車に乗せてもらったりするのもいいですが、自分で運転できれば、思い立ったときに好きな場所に行くことができます。

私は都心に出るとき、これまでは主に電車を使っていたのですが、ダイヤ改定をきっかけに地下鉄なのに特急が走るようになり、よく行く駅に停まらない電車が増えたため、よく車で移動するようになりました。また、最近ではブリヂストンの両輪駆動の電動アシスト自転車がお気に入りで、数駅の範囲なら、いつでもどこでも、それを使っています。移動手段に限らず、これまでのやり方では負担を感じるようになったとき、他の手段があるかどうかは、人生において大きな意味をもちます。

逆に言えば、**私たちの悩みの大半は、選択肢の少なさによって生じます。**

パワハラ上司がいたり、いつ倒産するかわからなかったりする状況で働くのがつらいのは、辞める選択肢がないからです。いざとなったらいつでも辞められる、と思っていれば、同じ状況であっても、そこまで追い込まれることはありません。私たちが精神的に追い込まれたり、鬱になったりしてしまうのは、選択肢がないためです。

私たちは誰もが歳をとります。歳を重ねるごとに選択肢が増えて、好きなものや快適な時間を自由に組み合わせ、好きな人たちと時間を過ごすことができれば、間違いなく幸せな人生を送ることができます。そのために必要なのは、一発必中の気合いや勇気ではなく、毎日の生活の中で、少しだけ意識を変えたり、工夫を積み重ねたりしていくことです。

勝間式 超ロジカル選択術を取り入れて、より自由で楽しい人生を手にしていただけたなら、これ以上の喜びはありません。

目次

第2章

有限性を受け入れる

時間の選択

第3章

お金の選択

最強のマインドブロック

第4章

人間関係の選択

付き合う人で人生は変わる

第5章

知識の選択

狭い世界から抜け出す武器

第6章

健康の選択

絶対的最優先事項

第7章

感情に支配されずに生きる

感情の選択

第8章

快適さと欲望のはざま

消費（もの）の選択

第9章 環境（仕事）の選択

おわりに 人生の時間を無駄にしないために

第1章

価値観の選択

自分軸をつくろう

すべての出来事は自分が選択している

私たちは無意識のうちに自分の行動や考え方を選び続けています。

他人から見れば、なぜそのような選択をするのか、理解に苦しむ行動を続ける人もいます。モラハラ男に入れ上げるなど、どう見ても合理的ではなく、それを続けたところで幸せになるとは思えない方向に突き進んでいるわけです。

それは誰かに強制されているわけではありません。ある基準や法則に沿って、自分自身で選択し続けているのです。

その基準や法則はどこからきているのでしょうか。**選択理論心理学という学問では、私たちは自分の中にある「上質世界」を基準として、さまざまな物事を選択すると考えられています。**

選択理論心理学とは、アメリカの医学博士ウイリアム・グラッサー氏によって提唱された理論です。グラッサー博士によれば、私たちはそれぞれ自分だけの上質世界をもっています。

上質世界は、心のアルバムのようなものです。そこには「こんな人生を送りたい」「こういう自分になりたい」というイメージ写真がたくさん貼られています。一緒にいたい人、いつか手に入れたいもの、やってみたいこと、自分が信じる正義など、私たちは生まれたときから、さまざまな写真を選びとっては、自分の上質世界に入れていきます。

どのようなイメージ写真を上質世界に入れるかは人によって異なります。そして私たちは、上質世界に近づこうとして、その時々で最善だと思う選択を重ねます。

例えば、きれいで居心地のいい家に住むことが上質世界に入っている人は、まめに掃除したり、かわいい雑貨を買ったりするのを好むかもしれません。

また、アルコール依存症の人の上質世界には、お酒の味、アルコールを摂取することで得られる快楽がイメージ写真として貼りついています。

早朝からパチンコ屋の前に並んでいる人を見ると、なぜそこまでしてギャンブルにお金や時間を使いたいのか、理解に苦しみます。雨の日も風の日も並んでいるので、その時間で仕事をしたほうが合理的ではないかと思うわけです。しかし彼らは、自分の上質世界に近づこうと合理的な選択をしているにすぎません。

大切なことは、私たちの行動は誰かに強制されたものではなく、あくまでも自分の中にあるイメージ写真に沿って選択しているということです。

変えられないことと変えられることを区別する

私たちが選択できるのは、これから自分がどのように考え、行動するかということだけです。

自分が一緒にいる相手を選ぶことはできますが、相手の行動を選択することはできません。

もし一緒にいる相手が、あなたを傷つける言動ばかりするとしたら、できることは、そんなことはしないでほしいと頼むか、相手から離れるか、いずれかです。

つまり世の中には、自分がコントロールできるもの、できないものがあります。

私たちが直接的にコントロールできないことには、次のようなものがあります。

1　過去の出来事

2　他人の行動や性格

3　自分の感情

それぞれについてご説明します。

1　過去の出来事

「どうしてこんな選択をしてしまったんだろう」

「あのとき、別の選択肢を選んでいたら、もっといい人生を送れたのに」

こんな後悔が頭から離れず、前向きな気分になれないという相談を受けることがあります。

どんなに後悔しても、過去の選択を変えることはできません。だからといって「あれはいい選択だった」「自分は間違っていなかった」と無理に思い込むのも自己欺瞞です。

私たちにできるのは、過去から学んで、これからの行動や考え方を変えることだけです。

2　他人の行動や性格

家族や恋人が思うように動いてくれないとき、他人に対して腹を立てているとき、私たちは、どうしてこんなにうまくいかないのだろうと考えがちです。そして他人に干渉して行動を変えようとします。しかし、こうした取り組みは多くの場合、うまくいきません。反発されたり相手に嫌われてしまったり、かえって事態を悪化させることもあります。

3 自分の感情

自分の感情を選択できないというと、少し意外に思われる方もいらっしゃるかもしれません。でもよく考えてみると、私たちは意思の力でうれしくなったり、悲しくなったりしているわけではありません。起こった出来事や他人の言動に対して、結果的に「うれしい」とか「悲しい」といった感情が生まれるだけです。気分が落ち込んだとき、自分の感情に直接働きかけてコントロールしようと思っても、そもそも無理なのです。

私たちの悩みや苦しみの多くは、自分がコントロールできないものをなんとかしようと思うところから発生しているのではないでしょうか。

「あのとき、別の人と結婚していたら」「もっと勉強して大学に行っていれば」などと「たられば」思考で過去の出来事を悔やむ、思うようにならない相手の行動を変えようと働きかけてみる、気分の落ち込みをアルコールや薬物に頼って改善しようとするなどです。

こうした努力の多くは徒労に終わります。そもそも自分でコントロールできるものではないからです。そして無力感に襲われて、さらに落ち込んでしまうという悪循環になってしまいます。

では、私たちがコントロールできるのは、どんなことでしょうか。

1　将来の行動や考え方
2　他人の言動の受け止め方
3　毎日の習慣

それぞれについて説明していきます。

1　将来の行動や考え方

過去の出来事は変えられませんが、将来どんなふうに考え、行動するかということはいくらでも変えられます。

「これまでも◯◯だったから、できっこない」「この歳になっていまさら変えられない」と思う人もいるかもしれません。しかし、そう思って行動を先送りにすることも自分自身の選択です。

2　他人の言動の受け止め方

他人の言動そのものを変えることはできませんが、それをどう受け止めるかということは自分の選択です。

相手が不機嫌そうにしていたら、何か悪いことでもしてしまったのかと不安になるかもしれませんが、相手が勝手に不機嫌になっているだけですから、放っておくという選択肢もあります。どうして不機嫌そうにしているのか理由を尋ねてみれば、なんでもないことかもしれませんし、もし理不尽な理由であれば、そういう人とは距離を置くという選択もできます。

3　毎日の習慣

私たちは、自分の寿命や健康をコントロールできないと考えがちです。不慮の事故や遺伝性疾患は別ですが、いわゆる生活習慣病に分類されるがんや心臓病、脳卒中、糖尿病などは、バランスの悪い食事や運動不足、飲酒や喫煙など生活習慣の積み重ねで引き起こされることがわかっています。

つまり毎日何を食べるか、どれだけ運動するかという選択の積み重ねによって、結果的に健康や寿命をある程度コントロールすることができます。

情報工学では、成果をアウトプット（出力）といい、そのために投入する時間やお金、努力をインプット（入力）といいます。

私たちにできるのは、インプットの選択だけですが、私たちは、しばしばこの法則を忘れ、アウトプットを直接変えようとします。それは時間の無駄です。

このように、自分が選択できること、できないことを切り分けることが大切です。

5つの基本的欲求を知ることで自分の軸が明確になる

選択理論心理学では、私たちの中には5つの基本的欲求があると定義しています。どの欲求が強いかによって、その人のもつ上質世界は変わります。

5つの基本的欲求を挙げていきましょう。

1　生存の欲求

2　愛・所属の欲求

3　力・価値の欲求

4　自由の欲求

5　楽しみの欲求

この基本的欲求は、意識するかどうかにかかわらず、あらゆる選択を左右します。私たちは、自分の基本的欲求に沿うように選択を重ねているのです。

それぞれの欲求について、簡単にご説明します。

1　生存の欲求

なるべく健康で長生きしたい、危険な物事に近づかず、安全性を確保したいという欲求です。

もちろん生物である以上、この欲求は誰にでもありますが、他の欲求にも増して、安全でいることを優先する人がいます。

危険にさらされることを極力避けたいので、危ない橋を渡ることや、危険な遊びには極力近づきません。空腹への不安から、食べ切れないほど食料を備蓄したり、健康オタクと呼ばれるほど次から次へと健康法を試すような人は、生存の欲求が強いタイプの人です。

2　愛・所属の欲求

常に誰かに愛されたい、誰かを大切にしたいという欲求です。いつも誰かと一緒にいなければ寂しさを感じる人は、愛・所属の欲求が強い人です。

3　力・価値の欲求

自分の力を誇示したい、他人から注目されたい、尊敬されたいという欲求です。

この欲求が強いタイプの人は、組織の中で出世したり、わかりやすい肩書を手に入れることを重視します。

私見ですが、議員になる人は、この力・価値の欲求が強い人が多いのではないかと思います。選挙カーで自分の名前を連呼するような人です。Instagramなどで自撮りを上げ続ける人なども同じです。他人から承認されること、賞賛されることを最優先します。

4　自由の欲求

なるべく制約を受けず、他人に煩わされることなく自由でいたいという欲求です。この欲求が強いタイプの人は、決まりだからという理由でルールに従ったり、毎日同じルーティンを強制されることを嫌います。

人によっては、きちんと決められたルールの中で動くことや、誰かに指示してもらうことを好みますが、自由の欲求が強い人はそうではありません。むしろ「自分で考えて好きなようにやりなさい」と任されることで、俄然やる気が出ます。

5 楽しみの欲求

これまで知らなかった世界を見たり、新しいことを学んだりするのが好きでたまらない、毎日が刺激的であることを何より優先したいという人は、楽しみの欲求が強い人です。このタイプの人は、金銭や社会的ステータスよりも、面白いかどうかを優先します。

命を張って戦場に赴くジャーナリストなどは、このタイプかもしれません。生存の欲求が強い人であればとても行けない場所に、足を踏み入れることを厭いません。

この5つの基本的欲求は、誰もがもっています。ただ人によって、それぞれの大小が異なります。自由の欲求はビールジョッキくらいの大きさだけれども、力・価値の欲求はおちょこくらいの大きさというようにです。

それぞれの欲求が満たされれば、私たちは幸せですし、満たされなければ不幸せになります。基本的欲求が満たされていると、能力が発揮しやすくなります。

私自身を例に挙げると、生存の欲求は比較的弱いと自覚しています。バイクに乗るのが好きで大型二輪の免許を取ったとプロローグでお話ししましたが、生存の欲求が強い人は、そもそもバイクで高速道路を走らないでしょう。

愛・所属の要求も比較的弱いと思います。何日間か誰にも会わず、一人で読書したりスポーツをしたりしていても、まったく苦になりません。

力・価値の欲求も、実はそれほど強くなく、人並み程度ではないかと思います。

人並み外れて高いのは自由の欲求、そして楽しみの欲求です。

毎日決まった時間に決められた場所に行かなければいけない、決まりだからこうしなさいと言われるのは、とにかく苦痛です。前例があったとしても、合理的だと思う方法を選択したいと思いますし、一人気ままに過ごしたり、思い立ったら旅に出たりするなど、自由に生きられることに強い喜びを感じます。

本を読んだり、人から話を聞いて、それまで知らなかった世界を知ることが大好きですし、新しい場所に行くことも好きです。

自分がどの基本的欲求が強いのか知りたい方は、Web上に診断テストがありますので、ぜひ試してみてください。

基本的欲求を知ると人生の優先軸がわかる

5つの基本的欲求のうち、どの欲求が満たされれば自分は一番うれしいのかということがわかると、よりスムーズに選択できるようになります。

例えば仕事を選ぶとき、自分が優先したい基準が明確になります。収入やステータスが高い仕事に就きたいのか、自由に働ける環境を優先したいのか、それとも組織の中で必要とされ、一体感をもって仕事がしたいのかというようにです。

私は数年前、テレビのコメンテーターを辞めました。

コメンテーターの仕事をしていたのは10年間ほどですが、毎週決められた時間にスタジオに行くのも、あまりよく知らない人たちと歩調を合わせながら決められたシナリオに沿って話を進めることも本当に苦手で、スタジオにいる間、家に帰りたくてたまりませんでした。

辞めるときには、いろいろな人から「もったいない」と言われました。人気の芸能人と仕事をして、全国ネットで顔と名前が流れる仕事を手放すなんてというわけです。

力・価値の欲求が強い人にとっては、魅力的な仕事なのだろうと思いますが、私にとっては、自由や楽しみの欲求のほうが上回るので、それを犠牲にしてまでやりたいとは思いませんでした。要するに、芸能人と仕事をしたり、全国ネットのテレビで誰かに決められたシナリオで話すことは、私の上質世界の中にないのです。

たまに「国会議員に出馬しませんか」とお声がけいただくこともありますが、辞退しているのは、同じ理由です。

一方、自分で文章を書いたり、YouTubeで配信するのは大好きです。

基本的欲求を理解することで、他人の意見や世間の評価に流されず、自分が本当に大事にしたいものを選ぶことができます。

逆に、自分の基本的欲求からかけ離れた仕事を選んでしまうと、ストレスも多く、能力も思うように発揮できません。自分がすり減る一方です。

仕事の報酬は、給料や待遇だけではありません。どれだけ楽しく取り組めるか、ストレスが少ないか、自分に合ったやり方で能力を最大限に発揮できるか、そうしたプロセスも含めて報酬です。

基本的欲求を知れば人間関係が楽になる

基本的欲求がわかると、周囲の人とよい関係を築きやすくなります。配偶者や恋人、上司や同僚、友人がもつ基本的欲求を知ることで、相手への理解を深めることができるからです。

一般的に、基本的欲求があまりに違うと、すれ違いやトラブルが起きやすいとされています。

例えば私の場合、自由や楽しみの欲求が強く、愛・所属の欲求はそれほどでもないとお話ししました。このタイプの人間が、愛・所属の欲求が強い人と一緒に暮らした場合、相手はストレスが溜まってしまうでしょう。相手は絶えず誰かと一緒にいて、愛情を感じたいのに、こちらは思い付いたら一人でふらっと旅に出てしまったりするからです。

基本的欲求が違うから付き合わないということではなく、違いを認識するためのツールとしてとらえると、人間関係がスムーズになります。私たちはどうしても自分を基準にして他

人の心を想像しがちですが、優先したい価値観は人によって千差万別だからです。

もし相手を怒らせてしまったり、すれ違いが多いなと感じたりしたときには、相手がどのような基本的欲求をもっているのか把握すると、わかりやすいと思います。この人は愛・所属の欲求が強いんだな、自分だったら放っておいてほしいけれども、相手は声をかけてほしいのかもしれないなというようにです。

大切なのは、他人の基本的欲求に無理に合わせようとしないことです。自分を変える必要がないのはもちろんですが、他人の価値観に干渉したり、よし悪しを指摘する必要もありません。

SNSで自撮り写真を山のようにアップしている人は、力・価値の欲求が強いので、注目されるのがうれしいわけです。ちょっと痛いなと感じるかもしれませんが、この人はそういう人なんだなと思えばいいだけです。

私がバイクでツーリングすると言うと、美白に命を懸けている人には信じられないかもしれませんが、こちらとしては美容よりも日焼けする自由やツーリングの楽しさを優先したいので、放っておいてほしいわけです。

間違った上質世界に振り回されないために

上質世界には、たくさんのイメージ写真が並んでいます。いつか住んでみたい家、海でサーフィンを楽しむ自分、英語を使って海外で仕事をしている自分、元気な子どもの姿などいろいろです。

問題は、上質世界に入っているものが必ずしも自分を幸せにし続けるとは限らないことです。例えば、昔は優しかった夫が暴力をふるうようになって、どうしようもないというケースです。

自分を傷つけたり、不快にさせたりするようなものを上質世界に入れたままにしておくと、私たちは自分を傷つけるような選択を重ねてしまいます。理性ではだめだとわかっていても、そこに近づこうとして、悲しい思いをしたり、健康を損ねたりしてしまいます。

そんなとき、**選択理論心理学では、自分を幸せにしてくれないイメージ写真を上質世界からはがしてしまうことをすすめています。**

いっぺんにはがすのは大変なので、時間をかけて、自然にはがれるのを待つことも現実的な方法です。自分を幸せにしてくれる他のイメージ写真があれば、それを上質世界に入れていきます。そうやって徐々に距離を置いていくことで、アルバムに貼った古い写真のように、はらりとはがれ落ちる時がきます。

要は、自分を傷つけたり、不快にさせたりするものを上質世界に入れたままにしておかないことです。

逆に、配偶者や恋人がすでに上質世界の中にいないけれども、再構築を望む人は、カウンセリングを受けるなどして、再び上質世界に戻すことが必要です。

また、そもそも間違ったものを上質世界に入れてしまうこともあります。お酒やたばこのように依存性の高いものが典型例です。

こうしたものが上質世界に入ってしまうと、まやかしの幸せにもかかわらず、お酒を飲むと幸せ、たばこを吸うと気分が晴れるという報酬が刷り込まれてしまいます。

お酒を飲むと、脳内でドーパミンという快楽物質が分泌されます。アルコール依存症の人は、このドーパミンがもたらす快楽が忘れられず、そのためなら、他のことは犠牲にしても構わないと考えてしまうのです。その結果、仕事や約束をすっぽかしたり、大切な家族をないがしろにしてまで飲酒に走るわけです。

つまり依存性の高いものを上質世界に入れたままにしておくと、人生の優先順位がおかしくなり、間違った選択をすることになります。

依存性のあるものを上質世界からはがすのは大変なことです。まず距離を置いた上で、少しずつ別のイメージ写真を上質世界に入れていくしかありません。例えばノンアルコールで過ごしたときの体調のよさを思い出したり、それまでお酒に消えていたお金を使って好きなものを買ってみたり、禁酒によって空いた時間で趣味を始めてみたりするなどです。

私も以前は毎晩のようにお酒を飲んでいました。大人になると誰もが当たり前のようにお酒を飲んでいたので、そういうものだと思っていましたし、仕事の緊張をやわらげて眠りに就くのに必要なものだと思っていました。あまり深く考えず、自分の上質世界にお酒を入れていたわけです。

その後、本を読んだり、友人の話を聞いたりすることで、お酒は寝つきをよくするどころか、睡眠の妨げになることがわかり、きっぱり禁酒しました。

上質世界からお酒を締め出すためには、お酒のもたらす悪影響を正しく知ることで、「お酒イコールいいもの」という思い込みを上書きすることです。そのためには『読むだけで絶対やめられる禁酒セラピー』（ＫＫロングセラーズ）という本が役立ちました。また、アルコール依存症で人生を壊した人の手記やドラマ、映画などもずいぶんと見ました。実際、飲酒運転をする人の大半はアルコール依存症だと言われています。なぜなら、アルコール依存症でなければ、飲酒状態で運転することがどれほどのリスクを伴うかを理解できるからです。それができないから、依存症なのです。

依存症というのは、道に仕掛けられた罠のようなものです。ゴールに向かって進みたいのに、罠に足がとられて進むことができなくなってしまいます。

私たちは、自分が思っている以上に、遠くまで行くことができます。「こうなれたらいいな」という夢を実現することができます。上質世界に間違って入れてしまったものに振り回されて、ゴールまで進めないのは、もったいないことです。

第2章

時間の選択

有限性を受け入れる

時間の有限性を受け入れよう

私たちの一番大事なリソースは時間です。

もちろんお金も大切ですが、お金というのは、時間を有効に活用するためのツールにすぎません。時間は私たちの人生そのものです。

「残りの寿命50年を50億円で買いますよ」と言われても、売らない人がほとんどだと思います。これは、優里さんのヒット曲「ビリミリオン」の歌詞ですが、どれだけお金があったところで、時間がなければ無意味だからです。お金が欲しければ、時間をかけて稼ぐことができますが、お金で時間そのものを手に入れることはできません。

そもそも私たちが選択を迫られるのは、人生に与えられた時間が限られているからです。もし無限に時間があれば、将来スポーツ選手になるか、画家になるか、選択する必要はありません。どちらも選べるからです。**つまり選択とは、限られた時間の中で配分を決めることです。**

そのため、時間が無限にあるかのように錯覚してしまうと、選択を誤ります。

よりよい選択のためには、まず時間の有限性を受け入れることが大切です。**私は、一日を1000分の時間予算で考えることをおすすめしています。**その中で、自分にとって大切なものに振り分けていきます。その上で、いかに時間を味方につけて、自分にとって望ましい選択肢を増やすかということを考えます。

時間の使い方を選択することは、どう生きるかを選択することです。

時間が不足すると、選択の幅を狭めることになります。

目的地まであと10分で行かなければならないとなれば、タクシーで行くしかないという判断になりますが、1時間あれば、電車やバス、徒歩などさまざまな選択肢が生まれる上に、少し早めに着いて、目的地の近くで別の用事を済ませることもできます。

勝間式 超ロジカル選択術の原則は、まず選択肢を増やすことですが、そのためには時間を味方につけることが不可欠です。

時間を味方につければ歳をとるのが楽しくなる

歳をとるほど自由に使えるお金や時間が増え、幸せな人生を送る人がいます。一方で、できることがどんどん少なくなり、希望や生きがいを感じられなくなってしまう人もいます。その違いは、選択肢の数です。

20歳の人と60歳の人を比べると、基本的に、若い人のほうがたくさんの選択肢をもっています。健康で体力もあり、たとえ失敗してもリカバリーできる時間があるからです。

ところが20歳前後をピークとして、若さや健康は下降の一途をたどります。歳とともに、目や耳は遠くなり、肌つやが消え、内臓機能は衰え、体のどこかが痛むようになります。

これに対して、知識や経験、スキル、人脈、貯金などは、時間の経過とともに積み上がっていきます。これらの増加スピードが老化スピードを上回っている人は、歳を重ねるごとにたくさんの選択肢を手に入れることができます。楽しみが増え、仲のよい友達に囲まれて幸せな人生を送ることができます。

知識や経験を積み上げることもなく、人脈や貯金も増えないまま、体力や健康だけが失われてしまうと、選択の幅は狭まる一方です。若さが失われる上に、若い人と比べて使えるリソースがなくなってしまうような歳のとり方はしたくありません。

では、その違いはどこから生じるのでしょうか。それは時間の使い方です。

会計用語で減価といいますが、工場や機械の価値は、時間とともに価値を失っていくとされています。人間も同じで、健康や体力は、時間とともに減価していきます。

時間の流れを止められない以上、運動や食生活を通じて、健康や体力が減価していくスピードをなるべく遅らせながら、知識や経験、人脈といった資産を積み上げていく必要があります。

健康や体力が減価していくよりも速いスピードで資産を積み上げられるかどうかが、先細りになってしまう人生と末広がりになる人生の違いです。

大切なのは、現状維持はあり得ないということです。時間とともに、若さや健康は失われていきますから、何もしなければ、世の中から取り残されて減退するだけです。

一日0・2パーセントの改善を続けよう

では、時間を味方につけて、歳を重ねるほど豊かになり、たくさんの選択肢を手にするためには、どうしたらいいのでしょうか。

おすすめしたいのは、一日0・2パーセントの改善を続けることです。毎日あれこれ考えて細かい改善を重ね、昨日より今日、今日より明日のほうがよくなるようにする。年齢を味方にしようと思えば、できることはそれしかありません。

細かな改善例で言うと、私は最近、4・5リットルのやかんを買いました。お湯を沸かすためではなく給水のためです。

家で快適に過ごすためには、部屋の湿度管理が重要なので、現在3台の加湿器を使っています。これまで給水タンクを外して洗面所まで往復していましたが、それだけで3往復になりますし、タンクから水滴が落ちるので、拭き作業が発生するのが地味に面倒でした。

最初は2リットルのピッチャーで給水してみましたが、それも往復の手間が面倒で、思い切ってやかんを買ったところ、びっくりするほど快適になりました。

日常的な仕事、特に家事には、このように細かいストレスがたくさん潜んでいます。ひとつひとつの優先順位は低いので、忙しいと後回しにしがちですが、それを改善すると、意外なくらいストレスから解放されます。

日常の中で気になることは、とにかく改善を積み重ねていくことです。料理法でもエクササイズの仕方でも、どんな小さなことでもいいのです。

私はおいしいご飯の炊き方をあれこれ試したり、YouTubeの配信でも、マイクの位置を変えたりしています。いま54歳ですが、20代のころと比べて、そうした細かな生活の知恵や経験を何千個も多く知っています。

若さや健康が失われていくスピードに対して、自分の知識や経験が増えていくスピードのほうが上回ってさえいれば、賢く楽しい年寄りに間違いなく近づいていきます。しかも体力とお金の貯金があれば、老後は恐れることはありません。

私は100歳まで生きる予定ですが、100歳が知識や経験のピークになるように一日0・2パーセントの改善を続けていけば、歳を重ねるごとに楽しくなり、あーいい人生だったなと思いながら召されるはずです。

複利を味方にして、倍速スピードで資産を積み上げよう

０・２パーセントの改善では何も変わらないと思うかもしれません。

一日０・２パーセントはわずかな数字ですが、毎日続ければ、３６５日後には２００パーセントになります。つまり一日０・２パーセントを改善する選択を積み重ねた人は、何もしなかった人と比べて、一年で2倍の差がつくわけです。それが倍々で増えていきますから、数年後には圧倒的な差になります。

これは複利の効果を取り入れているためです。

「複利は人類最大の発明」と言ったのは相対性理論で有名なアインシュタイン博士ですが、複利の効果を知っているかどうかで人生は大きく変わります。

複利の効果がわかるものに「72の法則」があります。これは72を金利で割ると、お金が2倍になる期間がわかるというものです。

例えば１００万円のお金を年利4パーセントの利回りで投資できれば、72÷４＝18ですか

ら、18年後には、元手の１００万円が２００万円になります（税引前）。

私がドルコスト平均法による投資信託の積立をおすすめしているのは、月々の積立額はわずかだったとしても、時間を味方につけることで、大きな利益を得られるからです。

アインシュタイン博士は「知っている人は複利で稼ぎ、知らない人は利息を払う」とも言っています。もちろん資産運用に限った話ではありません。

勉強や人間関係、日常の家事、どんなことでも一日０・２パーセントの改善をコツコツ続ければ、大きな力になります。一方、もし一日０・２パーセントずつ、健康に悪い習慣を繰り返したり、人の信用を失うような言動を続けたりしたとしたら、雪だるま式に負債が増えることになります。

時間を味方につける一番の方法は、複利効果を取り入れることです。

10年、20年経ったとき、たくさんの選択肢から、自分のやりたいことを選べる人生を送るために、まずは一日０・２パーセントの改善を続けてみてください。

結晶性知能を武器にしよう

仕事を選ぶときにも、時間を味方につけることをおすすめします。

具体的には、年齢が味方をする仕事を選んだほうがいいという話です。若さが売りになる職種は、年齢とともに市場価値が減価してしまいます。

例えば女性アナウンサーは人気の職業ですが、日本のテレビを見る限り、活躍のピークは20代の間で、30代になると配置転換になったり、結婚して別のキャリアを歩んだりすることが多いようです。

もちろん20代で名前を売って独立する、報道畑に移ってジャーナリストとして活躍するといった青写真があればいいと思いますが、年齢とともに選択の幅を狭めてしまうのは、もったいない話です。

逆に、歳をとるほど有利になる仕事もあります。例えば医師や看護師などで、これは歳とともに蓄積される知識や経験が武器になるからです。

私たちの知能には、流動性知能と結晶性知能の2種類があります。これはレイモンド・キャッテルという心理学者が提唱した考え方です。

流動性知能は、推論力や直感力に代表されるもので、20歳前後にピークを迎え、その後は低下の一途をたどります。

結晶性知能は、言語能力や理解力、洞察力などで、長年にわたる学習や経験から獲得していくものです。こちらは歳をとっても、学べば学ぶほど向上していきます。

流動性知能は、社会に出たころにピークを迎え、あとは低下する一方ですから、なるべく結晶性知能が役立つ仕事を選択したほうがいいと思います。

例えば、私はいまYouTubeを毎日2回更新していますが、それは動画の発信も結晶性知能が役立つ仕事だからです。語彙を増やしたり、既存の考え方を組み合わせて新しいアイデアを生み出す力は、結晶性知能が得意とするところです。

私は100歳まで生きる予定で人生をプランニングしていますが、どんなに医療が進化したところで、歳を重ねてから、体力や瞬発力、直感力で若い人と競うのは厳しいものがあります。人生100年時代だからこそ、時間を味方につけて、結晶性知能を高めていけるよう、お金や時間を投資していくことが大切です。

一度にすべて選択する必要はない

何かを選択するとき、時間を味方につけることは、リスクを回避することにもつながります。

私たちは、選択というと、一度に決めなければならないと考えがちですが、そんな必要はありません。それよりも**小さな選択を少しずつ重ねていくほうが、失敗の確率を減らすことができます。**

私は「清水の舞台から飛び降りなくていい」とお話ししています。

清水の舞台は高さ約13メートル、4階建てのビルに相当します。なんの装備もなく飛び降りたら、骨折で済めばラッキーで、下手すれば命を落とします。

それよりも、まずは階段を1段か2段降りてみて、いけそうだなと思えば、さらに何段か降りてみる。この繰り返しで、いつの間にか地上に足がついています。

会社を辞めたいと思ったときも同じです。転職するかどうか、いますぐ二者択一で決めなければならないケースは、実はあまりないはずです。

いやな上司や同僚がいたり、仕事がつまらなくて、このままいても自分が成長できないと感じたりしたとしたら、まずは選択肢を増やすことに注力しましょう。

まずは知識を身につけたり、必要な資格があれば取得したり、有給休暇を使って副業やボランティアを経験してみたりするなどです。いつか独立したいのであれば、人脈を少しずつ増やしていくのもいいでしょう。会社を辞めたいと思ってから、実際に辞めるまで、数年かけても構わないと思います。

勝間式 超ロジカル選択術では、まず4つ以上の選択肢を揃えるという原則をお伝えしました。転職も同じです。二者択一しかない状態で、無理にどちらかを選択するのは、決断力でもなんでもありません。単なる無謀です。

最後に笑うのは、自分にとって有利な選択をコツコツ積み重ねていく人です。そのためには時間を味方につけることです。

2年後に死んでも100歳まで生きても後悔しないように生きよう

人間は必ず寿命がきますが、その日がいつくるのか、正確に把握している人はいません。

私は100歳まで生きるつもりですが、もしかしたら明日、歩道に突っ込んできたトラックにはねられるかもしれませんし、病気を宣告されるかもしれません。逆に、太く短く生きるつもりで老後の蓄えもしていなかったのに、100歳まで長生きする人もいます。

つまり私たちは、物事を選択するとき、明日死んでしまっても、100歳まで生きたとしても、後悔しない選択をする必要があります。

おすすめしたいのは、何かを選択するとき、2年後に死んでも100歳まで生きても後悔しないようにという基準をもつことです。明日死んでしまう可能性もありますが、それでは刹那的すぎるので、2年ということにしています。

これまでコーヒーを断っていたのですが、最近になって飲み始めたのは、そのためです。

もともとコーヒーが好きで、一日に5杯も6杯も飲んでしまうので、さすがに体に悪いと考え、やめていました。ところが54歳になり、さすがに何杯も飲むことはなくなりました。こうなると、2年後にもし死ぬことになったときに「もっとコーヒーを飲みたかった」と後悔したくないので、いま好きなものを我慢せずに飲もうという発想です。

一方、お酒を飲まないのは、健康リスクがコーヒーと比べ物にならないほど高く、100歳まで生きた場合、体に与える悪影響が大きすぎるからです。

2年後に死ぬか、100歳まで生きるかで、一番悩ましいのは、お金の使い方ではないでしょうか。

老後が不安なのは、何歳まで生きるか誰にもわからないからで、100歳まで生きても困らないようにとコツコツ貯金するわけです。しかし、あまり切り詰めて、現在の楽しみを犠牲にしてしまうと、2年後に万が一のことがあった場合、もっとお金を使って楽しんでおけばよかったと後悔することになります。

このように不確実な状況では、どちらのシナリオにも対応できるようにします。収入の2割を投資に回すことをおすすめしているのはそのためで、8割は好きなことに使い、2割を将来の蓄えに回すということです。詳しくは第3章でお話しします。

失敗したときは速やかに損切りしよう

選択してみたけれど、やっぱり間違っていた、別の選択肢のほうがよかったと思うこともあります。そんなときは、速やかに損切りして次に移れるかどうかが大切です。

損切りというのは、投資したものについて、どうもうまくいかないと思ったとき、速やかに資金を引き上げたり、別のものに投資したりすることをいいます。

私たちは、なるべく損切りを避けようとします。これまでかけたお金や手間を無駄にしたくないという心理が働くためです。

経営学ではサンクコスト（埋没費用）といいます。膨大な開発予算をかけたのに思うような成果が上がらないとき、これまでの投資を無駄にするまいと追加投資して、かえって傷口を広げてしまうことは珍しくありません。つまり、失敗から目を背けることによって、選択を間違ってしまうわけです。

本来であれば、失敗だとわかった時点で損切りするほうが、損失を最小限に食い止められるはずです。これは、あらゆる選択について言えることです。
例えばブラック企業に勤めていて、辞めたほうがいいんじゃないかと思っても、これまで勤めてきた数年間が無駄になるのがいやで、もう少し頑張ってみようと決断を先送りにして、気づけばまた数年が経っていたというようにです。

速やかに損切りするためのポイントは3つあります。

1 「このままで大丈夫かな」は危険のサイン
2 バックアッププランを用意しておく
3 損切りは人生の糧と考える

それぞれについてご説明します。

1 「このままで大丈夫かな」は危険のサイン

「このまま続けて大丈夫かな」と思ったときは危険のサインだと考えてください。そもそも物事が順調に進んでいるときは「大丈夫かな」などとは考えません。

私たちの心理には、保有効果というものがあり、いま手にしているものに対して価値を感じるようにできているのは、お話しした通りです。

逆に言うと、いま手にしているにもかかわらず「大丈夫かな」と不安に感じるということは、危険水域に入っている可能性が高いということです。「現状は3割増・未来は3割減」に見えるとお伝えしましたが、3割増であるにもかかわらず、他の選択肢と同等か、それ以下に見えるということだからです。

「大丈夫かな」と思った時点で、損切りのタイミングや方法を考え始めましょう。

2 バックアッププランを用意しておく

新しいものに投資するときは、仮に失敗しても古いものに戻れるようにバックアッププランを用意しておきます。これも後悔最小法の技法で、バックアッププランがあると、損切りしやすくなります。いざとなれば戻れるという心理が働くので、自分の失敗を認めやすくなるのです。

私は日産のスカイラインからアリアに乗り換えたとき、スカイラインも手元に置く選択をしました。電気自動車の使い勝手がいまいちだったり、乗り慣れた旧車のほうがいいと思ったりしたとき、いつでも戻れるようにしたのです。コストはかかりますが、スカイラインを買い直すよりはよほど安く済みます。

転職も同じで、できることなら会社を辞める前に、プロボノやボランティアで新しい会社を手伝ってみると、リスクを最小化できます。新しい職場でうまくやっていけそうだなと思えば転職すればいいし、ちょっと違うなと思えば、会社を辞めずに転職活動を続ければいいだけです。

3 損切りは人生の糧と考える

損切りイコール悪だと考えている人が多いのですが、そうではありません。

新しい選択肢はいまいちだったかもしれませんが、やってみなければわからなかったわけです。それがわかって、初めて元の選択肢のよさに気づいたり、新しいやり方を選ぶことができたりします。

つまり損切りとは、学ぶことです。人間は行動を通じて学ぶものですから、失敗してみて、初めてわかることがあります。

どんなに後悔したところで、過去の行動は選択できません。くよくよしている暇があれば、速やかに損切りして、失敗から得た学びを糧に、次に進んでいきましょう。学習は失敗からしかできないという人間の仕組みを徹底して利用するわけです。

自分が不完全であることを前提に物事を組み立てよう

バックアッププランが大切なのは、私たちは一定の確率で必ず失敗するからです。

これまで失敗したことがないという人はいないと思います。ドラマ『ドクターX～外科医・大門未知子～』に「私、失敗しないので」という決め台詞がありましたが、私ならそんな医者には絶対にかかりたくありません。現実認識がおかしいか、何も学んでいないか、どちらかだからです。

なぜ一定の確率で失敗するかというと、情報が不完全だからです。100パーセント正しい情報が揃った中で何かを選択することは、まずありません。

将来のことがわからないのはもちろん、現在のことであっても、わかっていることはごくわずかです。それどころか、自分や周囲の人の知識や記憶が間違っていることもあります。

何かを判断するときは、自分も周囲も2割くらいは間違っていると思ったほうがいいでしょう。

以前、ひふみ投信の藤野英人さんが、自社のファンドで投資しているポートフォリオの中に1割程度、自分では絶対にあがらないと思っている金融商品を組み込むと言っていて、やはりプロだなと思ったことがあります。投資歴の長いファンドマネジャーであっても、経験や直感を過信せず、たとえ自分の仮説がすべて間違っていたとしても、決定的なダメージとならないようにバックアッププランを準備しているわけです。

バックアッププランは、年齢を重ねるほど重要になります。失敗しても若いうちであればやり直す時間がありますが、歳とともに時間は失われていくからです。

幸い、私たちは知識や経験を増やしていくことによって、バックアッププランを上手に準備できるようになります。予算や時間、気力・体力など、自分がもつリソースを見極められるようになるからです。

さらに経験から学習することで、自分の得意不得意がわかり、リスクを上手に見極められるようになりますし、うまくいかなかったことについても、フォローアップが上手になっていきます。自分の不完全さを受け入れられるようになり、うまくいくこと、いかないことの切り分けができるようになります。

バックアッププランがあれば、リスクをとれるので、選択肢が増えていきます。

「石の上にも三年」は間違い

就職も同じで、最初から間違いのない選択をしようとしても無理です。

もちろん中には、最初に入社した会社で天職にめぐり合い、定年までハッピーに勤め上げる人もいるかもしれませんが、確率から言えば非常に稀です。

学校を卒業して就職活動をする時点では、社会経験も少なく、会社や仕事についての知識もわずかです。限られた情報と経験に基づいて、たまたま募集していた会社や縁のあった会社の中から、よりよさそうなところを選択するわけです。

入社してみて、ちょっと違ったなと思ったり、これ以上あまり学ぶことはないと感じたりしたら、もっとよい環境を探して移ればいいことです。

そう言うと「石の上にも三年」と言う人がいますが、我慢するだけの3年間を過ごすのは時間の無駄です。

そもそも昔と比べて情報量が飛躍的に増えており、ビジネスやテクノロジーが進化するスピードも、比較にならないほど速くなっています。情報量を起点に考えれば、今の3年は昔の10年に相当するのではないでしょうか。ChatGPTのようなAIの進化によって、この先、環境が変化するスピードはますます速くなっていきます。

さらに時間の使い方は人によって違います。

同じ10万円を上手に使える人と無駄遣いしてしまう人がいるのと同じように、24時間をボーッと過ごす人もいれば、人の何倍ものスピードで成長する人もいます。先にお話ししたように、**一日0・2パーセントの改善を積み重ねるだけで一年で2倍の差がつくわけですから、同じ時間であっても圧倒的な格差が開いていきます。**

「石の上にも三年」などという昔の常識に囚われて、変化に適応できずにいれば、置いていかれるばかりです。

ちなみに「転職は40歳限界説」というのも、60歳定年が当たり前だった昔の話です。人生100年時代には、40歳を過ぎての転職が遅いということはありません。むしろ気づいた時点で動かなければ、70歳、80歳までストレスフルな職場で働き続けることになります。「もう40過ぎだから」などと言って選択を先送りし続けると、「40代のころに転職しておけばよかった」と後悔することになります。

時間割引率を正しく知ろう

行動経済学には、時間割引率という考え方があります。

A　いま10万円もらえる
B　1カ月後に10万1000円もらえる

どちらかを選べるとしたら、多くの人は、いま10万円もらうことを選ぶという実験結果があります。たとえ1000円得するとしても、1カ月後まで待ちたくないというわけです。

時間割引率が高い人ほど、将来もらえるはずの価値を少なく見積もります。ダイエットして3カ月後に理想体重を手に入れるより、目の前においしいケーキを出されたら食べてしまったり、欲しいものがあったら利息を払ってでもリボ払いで買ってしまったりというように、将来の利益よりも、目先の快楽を優先してしまいがちだからです。

私たちが時間を味方につけて、お金にゆとりのある人生を送るには、時間割引率を低くする必要があります。そのためには、多くの人が「将来の価値よりも現在の価値を重視する」という、時間割引率の概念を知ることが役立ちます。

先ほどの質問と似ていますが、次のどちらかから選ぶとしたらどうでしょうか。

A　6カ月後に10万円もらえる
B　7カ月後に10万1000円もらえる

1カ月待てば1000円得するという条件は、最初の質問と変わりません。ところが、この場合には、Bを選ぶ人が増えると言われています。

これは双曲割引と呼ばれるものです。時間割引率は、双曲割引というカーブを描くので、遠い将来になるほど低くなります。つまり「今日と明日の違いは、明日と明後日の違いより大きい」のです。

このことから、とにかく目の前にある誘惑を遠ざけることの大切さがわかります。

例えばお金を積み立てるときは、普段使う預金口座から、別の口座にお金を移してしまうことです。その際、なるべく引き出しづらい口座に移すことがコツです。

私は全世界株式インデックス・ファンドへの積立をすすめていますが、ポイントは、毎月自動的に証券会社の口座にお金が移動するので、ATMで引き出しづらくなることです。

もちろんファンドの売却手続をすれば、数日後には現金になりますが、いま面倒な手続をしてまで数日後の現金を得られなくてもいいと無意識のうちに判断している。つまり双曲割引が働いているのです。

ケーキやお酒も同じで、とにかく家に置かない、近づかないことが大切です。

目の前にある誘惑を意志の力で我慢しようとしても無理です。人間はそれほど完璧にはできていません。それよりも**時間割引率には双曲割引があるという原理を理解した上で、目先の欲よりも将来の利益を選択できる仕組みをつくることが大切です。**

コスパ＋タイパ＝コスタイパ

コストパフォーマンスのよし悪しを指して、コスパがよい、悪いという言い方をします。

しかし、より大切なのはタイムパフォーマンスです。私たちにとって最も大事なリソースは時間だからです。どれだけ自由にできる時間があるか、やりたいことに時間を使えるかによって、人生の充実度は大きく左右されます。

大切なことは、かけるコストや時間を省力化することではありません。あくまでもパフォーマンス、つまり成果をどれだけ最大化できるかということにこだわる必要があります。

毎日の食費や自炊の手間を惜しんで、栄養バランスの悪い食事をとるのは、決してコスパやタイパの高い選択ではありません。中長期的に見ると、体調を崩して、病院に行くのにお金がかかったり、生活の快適さが失われてしまいかねないからです。

そう考えると、**私たちが重視しなければならないのは「コスタイパ」ではないでしょうか。**これはコスパとタイパを組み合わせた私の造語です。

私がファッションサブスク・レンタル「airCloset」を利用するのは、コスタイパが最も優れていると思うからです。

もしコスパだけを重視するのであれば、もっとよいサービスがあると思います。タイパだけを考えた場合も同様です。ただコスタイパを考えた場合、私はairCloset一択です。

月に1万円前後で流行に合った洋服を送ってくれて、洋服についたタグを切る必要もなく、気に入ったものがあればクリックひとつで買い取ることができ、返送するときには宅配業者が自宅まで取りに来てくれるので、お金と時間に対するパフォーマンスが最も高いということになるからです。

ちなみに**人生において最もコスタイパの高い投資は、食事と睡眠です。**一定の時間はかかりますが、お金や労力のわりに、これほど手軽に幸福感を得ることができるものはありません。しかも質のよい食事や睡眠をとることで、気力や体力が増進され、将来の健康寿命を伸ばすことになりますから、投資した分、自由に使える時間が増えていきます。

一日1000分の時間予算で考えよう

私たちの時間は有限なので、一日を1000分の時間予算で考えるといいと、この章の冒頭でお話ししました。

一日24時間のうち、8時間は睡眠や入浴に使うとして、活動時間は実質16時間ということになります。16時間に60分を掛けると960分。わかりやすく1000分と考えます。この1000分をどのように配分すれば自分が快適に暮らせるのか考えます。

動画やSNSを見て、あっという間に10分経っていたということはよくありますが、これで一日の時間予算から1パーセントを使っていることになります。

もちろん楽しみのために時間を配分するのは構いません。大事なことは、そんなに楽しいわけでもなく、将来への投資につながることもない時間をいかに減らすかということです。

お昼時にオフィス街を通ると、飲食店の前はどこも長蛇の列ができています。この待ち時間は何も生み出しません。

ランチに出る時間を30分早める、あるいは遅くするだけで、数分から数十分の時間を節約することができます。

ピークタイムは、お店の人も忙しいので、接客もおざなりになりがちです。待たされた上に雑に扱われるのでは、いいことはありません。

職場の決まりで、どうしても12時から13時の間に昼休憩をとらなければならない場合は別ですが、12時ちょうどにランチを食べに行くかどうか、考え直してみてはどうでしょうか。

正直に言えば、社員に一律で12時から昼休憩をとらせる会社は、あまり先がないのではないかと感じます。役に立たないことで社員の労力を消耗させ、生産性を下げるだけだからです。

昼休憩に限らず、なるべく混雑を避ける選択を重ねることで、時間リッチになれます。例えば交通渋滞を避ける、帰省ラッシュを避けるなどです。時間や場所を少しだけずらしてみることで、快適度がぐんと上がります。

万事、そういう選択を積み重ねていくことで、大きな差が生まれます。

移動時間を投資時間に変えよう

人生における最も無駄な時間のひとつは移動時間だと考えています。

そのため仕事でも遊びでも、移動時間をなるべく短くするようにしています。最近では、オンライン会議が当たり前になったので、これまで移動に充てていた時間で仕事や家事ができるようになり、大変喜ばしいことだと思っています。

とはいえ、移動をゼロにすることはできません。スーパーマーケットに買い物に行ったり、都心で用事を済ませたり、時には新幹線や飛行機に乗ることになります。

仮に往復で1時間半かかるとしたら、一日1000分のうち、10パーセント近くが移動に使われることになります。この時間を移動だけのために使うとしたら、無駄以外の何物でもありません。

私は移動時間中、基本的に音楽や動画、書籍を読み上げてくれるオーディオブックを聴いています。

最近はファーウェイが出しているスマートウォッチの中にイヤフォンが格納される「HUAWEI WATCH Buds」という商品を愛用しています。以前はメガネ型のオーディオグラスを使っていたのですが、さらに一歩進化しました。時計からイヤフォンが取り出せるようになり、いつでも聴きたいときには時計から取り出して、聴き終わったらしまう、ということができるようになりました。しかも、何がいいかというと、時計と一緒に充電できるので、一日中、電池を気にせずに自由に使うことができるのです。

20分程度であれば、HUAWEI WATCH Budsから取り出したイヤフォンで音楽やオーディオブックを聴きながら、徒歩で移動しています。私は毎日1万歩歩くようにしているので、歩数も稼げて一石二鳥です。ちなみに、このイヤフォンもこれまでのメガネ型で十分に満足していたので買う気はなかったのですが、実際に体験した友人が絶賛していたので、私も試してみることにしました。そうしたら、別世界のように便利になったのです。

オーディオブックは、Amazonが運営するAudibleを使っています。気になるテーマの本をあらかじめダウンロードしておいて、移動時間に再生して読み上げてもらうわけです。

移動時間の合間に空き時間があったら、カフェで仕事をしたり、Kindleを取り出して読書したりします。飲み物を買うのに数百円かかりますが、仮に30分、つまり一日1000分のうちの3パーセントにあたる時間を有効活用できるのであれば、高い投資ではないと思います。

私たちは毎日少しずつ死んでいく

私たちは毎日、死に近づいていています。

私はいま54歳ですが、来年死ぬかもしれませんし、100歳まで生きるかもしれません。いずれにせよ、わかっていることは毎日一歩ずつ確実に死に向かっているということです。だったら何をすればいいかというと、やりたいことは前倒しで全部やっていくことです。

これまで私たちは、我慢や努力を続けていれば、いつか報われると教えられてきました。しかし変化のスピードがこれだけ速くなると、地道に努力を積み重ねたところで、本当に報われるかどうかは誰にもわかりません。

さらに将来のことなどわかりませんから、明日、余命宣告されるかもしれませんし、ビルを出たところにトラックが突っ込んでくるかもわかりません。

毎日、少しずつ死に向かっているとしたら、やりたいことを我慢したり、先送りしたりしている余裕はありません。

他人に迷惑をかけない限り、自分の命と財産を失わない範囲で、楽しそうだなと思ったことは全部やっていきましょう。

いつか行ってみたい場所があれば、先送りせず、カレンダーに予定を入れてしまいましょう。学校で学び直したいと思っているなら、まず資料を取り寄せて見学に行きましょう。髪型を変えてみる、昔お世話になった人にお礼を伝える、どんどんやってしまいましょう。

私は「やりたいこと全部やってみるキャンペーン」を一人で開催しています。パーマをかけたり、普段は自宅で撮影しているYouTubeをカラオケ店で撮ってみたり、いつかやってみたかったことをひとつひとつ実行しています。

実際にやってみると、経験値が増えていきます。その結果、やってみたかったことリストは、減っていくどころか、どんどん増えていきます。

やりたいことがあまりないという人は、本を読んだり、動画を見たり、友人と話してみたりして、少しでも気になることがあればやってみてください。新しいことを知れば、それだけ選択肢が増えますし、実際に経験してみることで、さらに増えていきます。

第3章

最強のマインドブロック

お金の選択

将来の選択の幅を狭めてしまうもの＝お金

パワハラ上司がいたり、業績が傾いていつ潰れるかわからない会社に勤めていたりして、一番つらいのは、辞める選択肢がないことです。いつでも辞められる状態なら、たとえ同じ状況でも、精神的にそこまで追い込まれることはありません。

結婚も同じです。配偶者の裏切りや性格の不一致で、一緒にやっていけないと思ったとき、お金があれば離婚できますし、とりあえず別居して考えようという選択肢も生まれます。あるいは生活する部屋を別々にして家庭内別居という選択肢もあり得るでしょう。距離を置いてみれば、わざわざ離婚しなくとも、別居婚でいいかと思うかもしれませんし、やっぱり離婚しようと思うかもしれません。

つまり、いずれにしてもお金がなければ、将来の選択の幅を狭めることになってしまいます。人生で起こり得るさまざまな物事に対して、なるべくたくさんの選択肢をもつためには、経済的な余裕が必要です。

さらに、お金がない状態では、何かを選択するときに正しい判断ができなくなってしまいます。

私たちの判断を狂わせてしまうものには、お金不足、睡眠不足、そして依存があります。

銀行口座に残高がほとんどなく、支払いに頭を悩ませていたり、リボ払いなどで多重債務に陥り、月々の返済に追われていたりするような状況では、生活を快適なものにしようとか、将来に備えて投資しようといった余裕はありません。経済的な余裕ができることで、初めて自分の価値観を追求する余力が生まれます。

睡眠不足、あるいは、お酒や薬物に依存している状態も同じで、脳のほとんどがそのことで占められてしまうので、正しい判断ができなくなってしまいます。

よりよい決定には、4つ以上の選択肢を揃える。そして自分の基本的欲求を知った上で、最適と思われるものを選択する。これが勝間式 超ロジカル選択術の原則ですが、そのために大切なのは余裕率です。依存性のあるものに近寄らず、体の健康を保ち、経済的な余裕をもつことで、正しい選択が可能になります。

経済的な余裕をもつには、お金の原則を知ることです。それを知って、正しい選択を積み重ねられるかどうかで、大きな差が生まれます。

お金は「8：2」の原則

お金がない、貯金できないと言っている人の話をよく聞くと、月に何度も外食したり、しょっちゅうお酒を飲んだり、毎朝カフェに行くという人が珍しくありません。お酒や外食にお金を使っている限り、お金が貯まるとは思えません。たばこなどの嗜好品も同じです。

一番いいのは、お酒もたばこもすっぱりやめて自炊することですが、それは難しいと感じる人もいるでしょう。

私がおすすめしているのは「8：2」の原則を守ることです。

毎月の収入のうち、2割は口座から天引きで積み立てます。手取りが20万円なら、4万円です。残りの8割は、生活費のほか、趣味や外食など好きなように使って構いません。これを5カ月続けると、1カ月の給料分が貯まります。

こうして貯めた金額を月々の生活費で割ったものを、私は無収入生存月数と呼んでいます。

収入がゼロになってしまったとき、何カ月間生存できるかという数字です。月の生活費を15万円とした場合、１８０万円の貯金があれば、1年間は何もしなくても生き延びることができます。

この無収入生存月数が2年、3年分になると、選択肢がグッと増えます。会社を辞めて留学したり、資格の勉強をしたりするといった選択肢も得られますし、独立も視野に入ります。私は独立するとき、仮に収入がなくなってしまっても、5年は暮らせるだけの貯金があったので、踏み切ることができました。

積立は、続けることで大きな力になります。預金口座に資産が積み上がっていくのを見ると、好きなことしかやりたくなくなります。いまの仕事を辞めても1年や2年は暮らせると思うと、いやな仕事を我慢して続けなくてもいいという選択肢が生まれます。

転職するにしても、貯金がなければ、とにかく雇ってくれるところに就職しようと焦って妥協しがちですが、無収入生存月数が長いほど、時間をかけて納得できる職場を選んだり、キャリアアップに投資したりすることができます。

収入の2割を天引き貯金するだけで、人生が変わります。さまざまな選択肢が増え、結果として、より自由に生きられるようになるわけです。

複利効果で時間を味方につけよう

収入の2割をどこに積み立てるかですが、私は全世界株式インデックス・ファンドなどの投資信託をおすすめしています。第2章でお話しした複利効果を味方につけるためです。

過去5年間の利回りを見ると、全世界株式インデックス・ファンドは11・59パーセントです。仮にこの利率のまま毎月3・3万円を積み立てると、20年後には3000万円を超えます。

一方、銀行の定期預金の利率を0・002パーセントとすると、20年間経っても、1000万円にもなりません。

利回り11・59パーセントとした場合、10年足らずで元金は2倍になり、20年で4倍、30年で8倍になります。このように複利効果は資産形成において大きな力を発揮します。資産が倍々に増えていくのを見ると、プラスのリターンを生み出さないものにお金を使うのがもったいなくなります。もちろん、いつでもそこまで調子がいいわけではないので、だいたい年間6パーセントくらいだと私は思って積み立てていますが、それでも、十分な利回りです。

老後２０００万円問題が騒がれていますが、複利効果と時間を味方につければ、過剰に恐れる必要はありません。30代から積立を始めれば十分ですし、40代、50代でも遅くはありません。人生１００年時代には、60歳で完全にリタイアするわけではないからです。10年、20年と時間を味方につけて、複利効果で資産を形成できれば、資産の配当益と年金で十分に生活していけるはずです。

全世界株式インデックス・ファンドへの積立をおすすめするもうひとつの理由は、ドルコスト平均法によるメリットを活かせるからです。

投資信託などの金融商品は価格が変動します。必ず11・59パーセントで運用できるわけではなく、もちろん損する可能性もあります。ただしこれも、５年くらい積み立てていると、プラスに転じていくのです。なぜなら、ドルコスト平均法はインフレと経済成長を味方にしているので、資本主義が続く限り、中長期的にはどちらもプラスだからです。

ドルコスト平均法は、一定の金額で、時間を分散して買い続ける投資手法です。高いときには少しだけ、安いときにはたくさん買うことができるので、価格変動のリスクを平準化しやすいというメリットがあります。

長期的に見れば、世界経済は右肩上がりで成長していますし、アメリカの代表的株価指数であるNYダウ平均は、この30年間で10倍以上値上がりしています。ドルコスト平均法で積立を続け、時間を味方につけることで、大きな差が開いていくわけです。

投資と消費の区別をつけよう

お金を大切にしましょうと言うと、とにかく出ていくお金を減らそうと財布の紐を締めがちです。ただ注意したいのは、目的は節約そのものではないということです。

大切なことは、無駄な支出を削減して浮いたお金で、将来プラスのリターンをもたらす「資産」にどれだけ投資できるかです。

会計用語では、BS/PLという言い方をします。会社の財務状況を表すものですが、PLが毎月のお金の出入りを記載しているのに対して、BSというのは、その会社が持っているストック、例えば工場や土地、株券などの資産を記載しています。

会社にとって工場や土地は、利益を生み出す源となるものです。つまり、将来にわたってお金をもたらしてくれるのが「資産」です。

私たちの生活でも同じです。「資産」を増やしていくと、そこからもたらされる利益が私たちの生活をどんどん豊かにしてくれます。

代表的な「資産」は金融商品ですが、それに限らず、将来にわたってプラスのリターンをもたらしてくれるものをコツコツと増やしていきます。仕事の効率を高めて収入を上げるもの、お金や時間の支出を減らしてくれるものは、ここに含まれます。

この「資産」につながる支出を投資といいます。支出の中で、投資の比率を高めていくことで、時間が経つにつれて豊かな生活を送れるようになります。

投資と消費の違いは、次の通りです。

投資：将来、プラスのリターンをもたらしてくれるもの。時間が経っても価値が消えないもの

消費：使ったらなくなるもの。数年で価値が消えてしまうもの

私は、仕事で使うスマホやＰＣには積極的に投資しています。将来プラスのリターンをもたらすことがわかっているからです。

ホットクックなどの調理家電もそうです。ホットクックは数万円しますが、自宅で手軽においしい料理が食べられるようになると外食しなくなるので、将来にわたって出ていくお金を減らすことができます。数カ月も使えば元がとれると思います。さらにホットクックを使い続ける限り、おいしくて体によい食事を楽しむことができるので、生活の質が向上します。健康にも、ストレス解消にも貢献するのです。

このように仕事の効率や生活の質が上がる資産に対してコツコツ投資していくことで、無駄な支出が減り、おいしい料理などのアウトプットが増え、どんどん生活が快適になります。

一方、お酒や外食にはあまりお金を使いません。これは消費だからです。一時的に楽しい気持ちになるかもしれませんが、将来の資産につながるものではありません。

洋服も同じです。「一生もの」と思って買っても、ほとんどが数年後にはクローゼットの肥やしになるのではないでしょうか。

以前は百貨店で洋服を買っていましたが、airClosetというサービスを利用するようになったのは、そのためです。月額1万円前後で、スタイリストが選んでくれた洋服が3着送られてきて、試着して気に入ったものは購入できますし、気に入らなければ返品できます。

洋服はストックとして積み上がるものではなく、あくまで消費財ですので、これで十分だと考えています。

なるべく消費に使うお金を最小限にして、キャッシュフローには極力お金を使わず、将来プラスのリターンをもたらすストックにお金を回すことが習慣になると、お金は自然と貯まるようになります。

毎日の支出の中で投資の比率が増え、資産を積み上げていくほど、自由になるお金や時間が増えて、選択肢も増えていきます。

一度に使うお金は数百円かもしれませんが、たとえ一度に出ていくお金がどんなに安くても、自分の将来の健康や資産の蓄積につながらないものには、お金を使わないという発想です。

もちろん、すべての出費を投資に回すのは難しいことですが、仮に先月10万円使ったとしたら、そのうち何パーセントは、将来、お金や時間を生み出してくれるものに使えたのか、お酒やたばこのようにマイナスのリターンしかもたらさないものにいくら使ったか、割合を見直してみることをおすすめします。

キャッシュフローよりストックを重視しよう

お金と時間にゆとりのある豊かな生活を送るためには、初期投資が大切です。

初期投資にお金を使うと、その後、お金や時間を節約でき、生活のクオリティが上がるからです。

ヘルシオのホットクックやウォーターオーブンなどの調理家電は典型的な初期投資です。最初に数万円かかりますが、おいしい料理を自宅で手軽に作れるようになるので、食費や手間がかからなくなり、お金と時間がどんどん貯まっていく仕組みをつくることができます。

お金持ちを見ていると、この初期投資が上手だと感じます。

初期投資をすることによって、月々の支出を減らしたり、有利なサービスを受けられたりする。世の中には圧倒的にそういうものが多いのです。

お金があるから初期投資できると思われるかもしれませんが、スタート地点は同じです。

電車に乗るたびに切符を買うより定期券を買うほうが、お金や手間が省けます。差額はわずかなものかもしれませんが、それをコツコツ貯めて、初期投資に回せるかどうかで、大きな差が生まれます。

私は自宅で使う電池はすべて充電式にしています。充電式電池は一本400〜500円しますし、充電器も必要です。使い捨ての単三乾電池は一本100円程度ですから、一見割高なようですが、充電式は一度購入すれば一本あたり約1円で充電できるので、長期間使うほど割安になります。さらに電池が足りなくなって買いに行くこともありませんし、ゴミ分別の手間もかからないので、時間もセーブできます。

お金がないので初期投資に回せないという人の話をよく聞くと、iPhoneの最新機種をローンで購入し、毎月高い通信費をキャリアに払っていることがあります。

もし本当にお金がないのであれば、中古のAndroidを数万円で一括で買い、格安SIMで月々の通信費を抑えて、初期投資に回すお金を貯めることで、のちのち豊かな生活を手に入れられます。私はエキサイトモバイルの格安SIMを利用しています。データのみならSIM5枚まで合わせて月々20Gでおよそ3000円、留守番電話やSMS、ちょっとした音声通話など、音声系のサービスを娘と2回線分合わせても、全部で4000円くらいです(最適料金プラン・定額プランは現在、新規受付終了)。回線自体はドコモですし、また、格安SIMの中でも調査して速いものを選びましたので、まったく不自由はありません。

お金持ちほど格安SIMを使うという調査があります。一見わずかな無駄をコツコツ削減し、将来プラスのリターンをもたらすものに再投資する。つまり、このサイクルを築いた人が、結果としてお金持ちになっているのでしょう。

支出の中にある浪費を見直そう

月々の支出を見ていくと、将来プラスのリターンをもたらすどころか、無駄な支出がたくさんあることに気づくのではないでしょうか。

食費や光熱費、家賃は、生きるための必要経費ですが、満足度も低いのに、なんとなく使ってしまっているお金もあると思います。いわゆる浪費です。その代表例を挙げます。

1　お酒、たばこなどの嗜好品

お酒やたばこは百害あって一利なしです。ストレスが溜まったとき、お酒を飲んだり、たばこを吸ったりすることで、一時的にすっきりするかもしれませんが、それでは状況は何も変わりません。これは、すべて化学物質で脳をごまかしているだけです。

さらに、お酒やたばこは依存性が高いので、自分でコントロールできなくなっていくことも問題です。最初はビール一杯で満足していたのに、何杯飲んでも酔えなくなり、やがてお酒を飲むことそのものが目的になってしまいます。

2 ギャンブル

ギャンブルは基本的に胴元が儲かる仕組みですが、スロットに毎回1万円ずつ使っている人がいたとしたら、何回かに一度は当たるようにできています。毎日負け続けるばかりだと、来てくれなくなってしまうからです。平均すると、投下されたお金のうち、少なくとも10パーセントは減りつづけます。それは、マイナス10パーセントの運用を繰り返すようなもので、ドルコスト平均法の真逆です。

たまに何万円か勝つと、トータルでは損していても、やみつきになります。これは脳内でドーパミンという快楽物質が大量に放出されるためです。ギャンブル依存症の人は、いわばドーパミン中毒になっているわけです。

趣味の範囲で楽しむ分には構わないという人もいますが、ドーパミン中毒になると、自分でコントロールすることが難しくなります。無駄な出費を防ぎたいのであれば、近寄らないのが一番です。

3　なんとなく出かける飲み会やランチ

仲のよい友人と食事やお茶に行くのは楽しいものですが、それほど行きたいわけでもない飲み会などに、義理や付き合い、なんとなく暇だからという理由で顔を出すのは、お金や時間の無駄遣いです。

人脈を広げるためという人もいますが、現代ではＳＮＳで十分です。

4　タクシー

私は自分一人で移動するとき、タクシーには乗らないようにしています。

都内であれば、たいていの場所は公共交通機関で用が足ります。タクシーに乗れば10分早く着くかもしれませんが、10分早く家を出ればいいことです。タクシーで２０００円払う人は、その10分を買っていることになりますが、一時間に２０００円の価値を生み出すことができない限り、マイナスになります。しかも、運動不足にもなります。

5　ローンの利息

自動車ローンを組んでマイカーを買うと、２パーセント前後の利息がかかります。仮に２００万円の車を買うとすれば４万円です。しかも返済が終わるまで、残高の２パーセントが出ていくことになります。これは完全に無駄です。

いまは100万円出せばいい中古車が買えます。頑張って貯金して、一括で中古車を買えば、ローン手数料の数万円で、生活を豊かにしてくれるものに投資できます。

業務用の車であれば別ですが、週末に乗るだけであれば、カーシェアを利用するという方法もあります。その場合は、駐車場や車検にかかるお金を他に使うことができます。

無駄遣いをやめたほうがいい理由は、選択の幅を狭めてしまうからです。一年間お酒を飲まなければ数万円、場合によっては数十万円浮きます。お酒を飲むということは、その数万円、数十万円を使って得られたであろう他の機会を失うことです。

お金やたばこに消えていくお金をコツコツ積み立てるほうが、よほど自分を自由にしてくれるはずです。

何を無駄遣いとするかは人それぞれです。将来プラスのリターンを生まないことがわかっていても、お酒やたばこに使いたい、タクシーに乗りたいという人もいると思います。

その場合も「8：2」の原則を守って、お酒やたばこ、タクシーにかかる費用は、収入の8割から捻出するようにしてください。

お金を使うときは機会費用を考えよう

お金を使うときは、値段の高い安いだけでなく、そのお金があったら他にどんなことができるのか考えましょう。

会計用語では機会費用といいます。ある行動を選択することで失われる価値、つまり、それを選択せず、他の行動を選択していたら得られたはずの価値を指します。

次の連休を過ごすのに10万円の予算があったとして、家族でディズニーランドに行くのか、アウトドア用品を買ってキャンプに行くのか、どちらかを選ぶとします。ディズニーランドを選択すれば、アウトドア用品は買えなくなってしまうので、その分の機会費用が失われてしまいます。

住宅は会計上、資産に計上されますが、ギリギリの住宅ローンを組んで購入すると、他のことにお金が使えなくなってしまいます。いわば住宅への過剰投資で、私が住宅ローンに反対するのは、このためです。

毎月のローン支払いが収入の3割にもなると、住宅以外のものに投資できなくなってしまいます。例えばホットクックなどの調理家電を買って、調理時間を短縮しようとしても、ローンの支払いに追われて買えず、時間に追われ続けることになります。これでは本末転倒です。

これはお金に限らず、時間や健康についても同じことが言えます。

お酒を飲むと、お金がかかるのはもちろんですが、酔っ払っている時間があれば得られたはずの機会を失うことにもなります。あるいは、お酒を飲むことで健康を損なわなければできたこともあるかもしれません。

職場も同じで、ブラック企業で働くことの最大の弊害は、時間や気持ちを削られることによって、他社で得られたかもしれない成長機会を失ったり、健康を損なって、本来できていたはずのことができなくなってしまうことです。

ましてやお酒やたばこ、ギャンブル、なんとなく参加する飲み会などにお金を浪費してしまい、本当はやってみたいことができなくなってしまっているとしたら、大きな機会損失です。

値段の安さや手軽さに目を奪われて、本当に大切にしたいものを失っていないか、よく考えてみましょう。

クレジットカードは用途別に複数使い分けよう

クレジットカードは用途に応じて複数枚を使い分けています。

メインカードはドコモのdカードで、主に日常の支払いに利用しています。多くのクレジットカードでは、買い物した金額の0・5パーセントがポイントとして還元されますが、dカードでは1パーセント還元されますので、ポイントが貯まりやすいのが魅力です。「iD」でキャッシュレス決済することも多く、dポイントをコツコツ貯めています。

公共料金やairClosetの利用料など、月々の引き落としには主にANA JCBカードを使っています。こうすることで自然にマイレージが貯まります。マイレージが貯まると、北海道や宮崎にゴルフに出かけます。

加えて、私はAmazonでよく買い物をしますので、Amazon Mastercardを持っています。Amazonでの買い物であれば、プライム会員は2パーセント分のポイントが還元されます。

カード会社によって特典や有利なところが違うので、自分の用途や行動範囲に応じて、一番有利なカードを利用すればいいと考えています。

よく利用する駐車場は、クレジットカードの特典を利用して、割安で使えるようにしています。六本木ヒルズや丸ビル、GINZA SIXなどの商業施設では、独自のクレジットカードを発行しており、平日は1、2時間無料で駐車できる特典がついていることが多いのです。年会費は無料のところもあれば、数千円かかるところもありますが、駐車料金と利用頻度を勘案してカードをつくっています。

こうしたクレジットカードを何枚か持っておくと、都内に何カ所か格安の専用駐車場があるようなものです。買い物の間に駐車していても数百円で済みますし、駐車料金を支払う待ち時間も減らせます。商業施設と直結しているので、移動時間も最短で済みますし、コインパーキングに行列をつくる必要もありません。

このように細かくクレジットカードを使い分けることで、1パーセントから3パーセントのポイントを貯めることができます。仮にクレジットカードで一年間に100万円使うとすると、ポイントだけで数万円の差が生まれます。

その数万円を使って、将来プラスのリターンを生み出す資産にコツコツ再投資していくわけです。

株主優待を活用してお得に買い物しよう

よく使うサービスや商品は、株主優待を活用してお得に利用できるようにします。

私が愛用しているのは、サンマルクカフェを運営するサンマルクホールディングスの株主優待です。生活圏にお店があることに加えて、他の飲食チェーンの株主優待と比べてお得だからです。

サンマルクは100株以上の株主に対して、20パーセント割引になる株主優待カードを発行しています。株主優待のある飲食チェーンは他にもありますが、数枚の割引チケットを提供する会社がほとんどです。

サンマルクカフェはコーヒー1杯とチョコクロで600円程度ですが、株主優待カードを提示することで500円程度になります。さらに私は、dポイントが貯まるクレジットカードを利用しており、dポイントで支払うので、現金の出費はほとんどありません。都心に店舗も多いので、外出先で空き時間ができたときには、迷わずサンマルクに入って仕事をしています。

もちろん株式は元本の価格が変動するリスクがあり、将来的に優待制度を見直す可能性もゼロではありません。ただ毎年20パーセントの割引、さらに配当金も支払われますので、18万円で株式を買っても、私がサンマルクを利用する頻度を考えると、数年で元がとれるわけです。

私はゴルフが好きなので、ゴルフ場運営会社の株主優待も利用しています。約30万円で株を買いましたが、毎年2万円のゴルフ場利用券が送られてきます。

百貨店やスーパーマーケット、鉄道会社でも株主優待制度を取り入れている会社はたくさんあります。またお米などの食料品が送られてくる会社もありますので、自分のよく行くお店やエリア、生活スタイルによって選びます。

こうした工夫を積み重ねていくと、日常の中で現金を使う機会がどんどん減っていきます。その分の現金を使って、全世界株式インデックス・ファンドの積立を増やしたり、別の株式を買ったりします。やがて株主優待や配当で、いろいろなものがまかなえるようになります。

プラスのリターンを生み出す資産にコツコツ投資することで、現金の支出が減り、浮いたお金を再投資する。その仕組みが回るようになれば、自然とお金が貯まる体質になっていきます。

宝くじを買うよりも5000円のランチを食べよう

年末になると西銀座の宝くじ売り場に行列ができます。

その売り場にわざわざ並ぶのは、過去に1等が出たことがあるからで、いわば験担ぎですが、近所の売り場で買っても当せん確率はまったく変わりません。

さらに確率論で言えば、宝くじの還元率は50パーセント以下です。還元率というのは、運営資金などを差し引いた当せん金の総額です。これは当せん金付証票法という法律があり、還元率を50パーセント未満にするよう義務づけられているためです。

つまり宝くじを5000円分買った瞬間、手元には2500円以下の価値しか残りません。そのほとんどは1等、2等を当てた人のところにいきますから、手元に残るのは、よくて数百円でしょう。

私は宝くじを買うなら、そのお金で世界株式インデックス・ファンド投信を買えばいいのにと思っています。宝くじは外れれば紙クズですが、5000円を世界株式インデックス・

ファンド投信に積み立てれば、これまでの利回り実績で言うと10年で2倍、20年で4倍になりますから、宝くじよりよっぽど確実だと思うからです。

あるいは同じ5000円を使うにしても、寒い中何時間も行列に並んで確率の低いギャンブルをするより、暖房のきいたレストランに行っておいしいものを食べるほうが快適ではないかと思います。

もちろん宝くじを買う人は、当たったら何をしようかワクワクする楽しみを買っているのだと思います。

ただ40代、50代になって、これまで宝くじに費やしてきたお金があれば別の選択ができたのに、と後から思うのは残念なことです。

さまざまな選択肢を検討した上で、西銀座の宝くじ売り場に並ぶのがベストと判断するのであれば、まったく問題ありませんが、よりよい選択肢、より快適に過ごすための選択肢がないかということは、常に検討しておくほうがよいと思います。

その結果、同じ宝くじを買うにしても近所で並ばずに買おうとか、宝くじを買うのは2回に1回にして、浮いたお金でおいしいランチでも食べようと思うかもしれません。

宝くじに限らず、同じお金を使うなら、より自分を快適にしてくれる選択肢が他にないか、思考停止せずに探し続けようということです。

節約したければ8時間眠ろう

お金を節約したいのであれば、睡眠を毎日8時間以上ちゃんととることをおすすめします。

私たちが浪費してしまう一番の原因はストレスです。ストレスを解消する一番簡単な方法は、お金を使って一時的に気を紛らわせることです。

お酒を飲んで騒いだり、おいしいものを食べたり、ショッピングしたりすることで気が晴れて、ストレスから一時的に解放されます。ギャンブルも同じです。

友人と食事したり、ショッピングを楽しんだりするのは、決して悪いことではありません。しかしストレス解消のためにお酒を飲んだり、欲しくもないものを買うのは、浪費と言わざるを得ません。

そもそもストレスが溜まるのは、交感神経と副交感神経のバランスがとれていないためです。

上司に怒られたり、仕事のプレッシャーがかかったりすると、交感神経が優位になり、緊張状態になります。これは体が本能的に戦闘態勢に入るからです。心拍数や血圧を上げることで、いつでも応戦したり、逃げ出したりできるようにしているわけです。

交感神経が優位な状態が続いてしまうと、体に負担がかかります。これがストレスの正体です。

交感神経が優位になることで、仕事に集中したり、目標を達成したりすることができるのですが、問題は、ストレスがかかり続けることによって、絶えず交感神経が優位となってしまうことです。

そこで、お酒を飲んだり、おいしいものを食べたりすることで、強制的に副交感神経が優位となる状態をつくってリラックスしようとします。

ところが、まったくお金をかけずに交感神経と副交感神経のバランスをとって、幸福度を上げる方法があります。それは睡眠です。


睡眠を毎日8時間とっていると、お金を使ってストレスを解消しなくとも交感神経と副交感神経のバランスがとれ、幸福感を抱けるようになります。

つい無駄遣いしてしまう人は、睡眠時間を8時間とってみてください。ストレスが減り、無駄遣いしようという気持ちが消えていきます。

第4章

人間関係の選択

付き合う人で人生は変わる

母数を増やす

これまで選択肢を増やすことの重要性をお話ししてきましたが、人間関係についても同じことが言えます。**私たちが人間関係で悩むのは、多くの場合、付き合う人の母数が少ないことによるものです。**

この人と過ごすのがしんどいなと感じた場合、ちょっと距離を置くことで、冷静になれたり、お互いのよい点がわかって、かえって仲良くなったりすることもあります。ところが交友関係が狭く、この人しか付き合ってくれないと思い込んでしまうと、つらいと感じてもなかなか離れられません。目の前の人間関係にしがみついてしまうのです。

インターネットが私たちにもたらしたものは、圧倒的な選択肢の量です。

インターネットが出現する前は、洗剤ひとつ買うにも、近所の薬局や雑貨屋に行って、そこに並んだ数種類の中から選んでいました。ところがいまでは、ネットで検索すれば、国内で販売しているあらゆる洗剤の中から選ぶことができます。

つまり私たちは、インターネットの出現によって、自分の住む場所や近所にある店の品揃えと関係なく、無数にある選択肢の中から本当に自分に合った商品を選択できるようになったのです。

これは人間関係についても同じことが言えます。これまでは学校や職場、地域といった場所の制約に縛られ、身近にいる人の中から、付き合う相手を決めなければなりませんでした。いまでは、一度も会ったことがない人とオンラインゲームで一緒に遊んだり、趣味の合う人を探したり、行ってみたい国に住んでいる人をオンラインで見つけてチャットをしたりすることもできます。

職場の同僚や学校のクラスメイトと気が合わなかったとしても、くよくよする必要はありません。1クラス35人の中から友達を探すのはしんどいかもしれませんが、母数が数万人、数十万人に増えれば、趣味や価値観の合う人を見つけやすくなります。

SNSを活用して「弱いつながり」を増やそう

私がおすすめするのは「弱いつながり」をたくさんもっておくことです。

「弱いつながり」は、アメリカの社会学者マーク・グラノヴェッター氏が提唱した理論です。ある実験で、どのように現在の仕事を見つけたのかヒアリングしたところ、家族や友達よりも、これまで数回しか会ったことがないような「弱いつながり」の人からもたらされた情報や縁がきっかけになったという回答が多かったそうです。

よく知っている人同士では、勤め先の会社や出身学校などバックグラウンドも似たようなものになりがちで、そこから新しい情報が得られる可能性は少ないのですが、「弱いつながり」の人は、自分の知らない情報をもたらしてくれる可能性が高いからだと考えられています。

つまり「弱いつながり」をたくさんもっておくことによって、人生の選択肢が増えていきます。

現代はSNSを活用することで、「弱いつながり」を増やすことができます。役に立つ情報や面白い話をSNSで発信できれば、シェアされることで人の目に触れ、広がりやすくなります。ただ積極的に発信しなくても、誰かの投稿にいいねを押したり、コミュニティに入ってコメントするだけでも、「弱いつながり」は広がっていきます。

会社員だった私が初めて本を出したきっかけも、ブログを通じた「弱いつながり」でした。友人が本を出版したので、ブログで紹介したところ、その本の担当編集者でそのときの社長だったディスカヴァー・トゥエンティワンの干場弓子さんが読んで、面白い文章だというのでわざわざJPモルガン証券まで会いに来てくれたのです。

幸運はあちこちに転がっています。いつもどこかでくじ引きが行われているようなものですが、幸運に出会うためには、くじを引く回数をなるべく増やすことです。

そのためには、SNSに投稿してみたり、普段は馴染みのない会合に顔を出してみたりするなどして、「弱いつながり」を増やしていくことが大切です。その結果、思いがけない偶然が人生に起こるかもしれません。

相手を変えるのではなく「距離」を変えよう

この人とはちょっと合わないなと思うときには、相手を変えようとしても時間の無駄なので、そっと距離をとることをおすすめします。他人の行動や性格はコントロールできませんが、相手との距離は簡単に選択できるからです。

いつも誰かの悪口を言っている人に対して、悪口はやめてくれと言っても、徒労に終わることがほとんどです。その人は、何かしら理由があって悪口を言っているからです。そんな相手と毎日過ごすのは苦痛でも、数年に一度、同窓会で会ったり、ＳＮＳでやりとりする程度であれば、問題ないかもしれません。

人間関係の悩みの多くは、相手との距離を適切にコントロールできないところから始まっています。

相手との距離を選ぶのは自分です。

私は以前から、別居婚というのはよい選択肢だと思っています。別の家に住んで週末だけ一緒に食事するとか、同じ屋根の下で暮らしていても部屋を分けて、お互い好きなことをするという夫婦関係です。

もともとは他人同士だったものが、毎日顔を突き合わせて生活を共にするのは、時にしんどいこともあります。そんなとき、距離を変える選択肢があれば、かえって結婚生活を続けやすいのではないかと思います。

親子関係も同じです。子どもが成人して就職した後も、いつまでも親が子どもを手元に置いたまま、お互いに葛藤しているケースがありますが、さっさと独立してもらえばいいと思います。お互いに経済的に自立して、適切な距離を保つことで、仲のよい親子関係を続けている事例はたくさんあります。

相手に不満を募らせたり、相手を変えようとして疲れたりするよりも、関係に応じて、適切な距離を選択できるようにしておくことです。

こんな人とは距離を置く

さまざまな人と付き合う中で、ちょっとおかしいな、いやだなと感じることがあります。このシグナルを見過ごしたまま、まあいいかと思って付き合っていると、後々トラブルに巻き込まれてしまいかねません。

こうした違和感や直感は往々にして当たります。ですから、シグナルを感じたときには、気のせいだと思って見過ごすのではなく、その感覚の正体をきちんと見極めることが大切です。

ただ人間関係については、冷静かつ客観的に判断するのは難しいものです。そのため、あらかじめマイルールを決めておき、当てはまる場合には、ちょっと距離を変えてみることをおすすめします。

私の場合、次のような人については、自分から積極的に関わらないというマイルールを決めています。

1　3回以上うそをつく人

もちろん人間ですから、やむにやまれない状況でうっかりうそをつくことはあります。それが2回続いても、たまたま偶然が重なったのかもしれないと思いますが、3回続くと、これはやむにやまれぬ状況や偶然ではなく、その人自身が常習的にうそをつく、うそをつくことに罪悪感を覚えない思考や行動習慣がある可能性が高いと考えます。

「うそをつく」には、約束を守らないこと、遅刻やドタキャンも含まれます。やると言ったのにやらない、いつも締め切りを守れない、毎回遅刻してくるなどです。

約束の1週間前などに事情を話してくれれば、キャンセルするのはまったく問題ありません。ただ前日や当日になって「ごめん、仕事が入っていたから行けない」ということが続くと、この人は他人の時間を無駄にしても気にならないのだなと思います。

遅刻も同じです。電車が遅れたり、出がけに緊急事態が起こったりすることは誰にでもあると思いますが、毎回遅れてくる人は、そもそも他人を待たせることに罪悪感を覚えていません。つまり利己的な性格である可能性が高いので、たとえ人柄が魅力的でも、自分から誘うことはせず、そろりそろりと遠ざかっていきます。

2　知らない人の悪口を言う人

私がまったく知らない人の悪口を言う人も基本的に避けるようにしています。

もし共通の知人について悪く言うのであれば、百歩譲って、人物評を教えてくれているのだろうと思うようにしますが、会ったこともない人の悪口を聞かされても、私にとって何の意味もない情報だからです。また、いつも人の悪口ばかり言っている人は、同じようによそで私の悪口を言うのだろうなと容易に想像できるので、こちらも距離を置くようにしています。

気をつけたいのは、こうしたことに当てはまるからといって、相手を責めても意味がないということです。責めたところで相手は変わりません。**私たちが選択できるのは、相手の行動ではなく、あくまでも相手と自分の距離です。**

ちょっといやな感じがするなと思ったら、なぜ自分がそう感じるのか、きちんと向き合って、違和感を承知した上で付き合い続けるのか、距離を置くのか、自分が次にとる行動を選択します。

「あなたのためを思って」という〝アドバイス罪〟

よく「あなたのためを思って」と言う人がいます。これは、ほぼ自分のために言っていると思って間違いありません。

私は、アドバイス罪と呼んでいます。頼んでもいないのにあれこれアドバイスをしてくるのは、たいていトラブルのもとになるからです。人間関係が険悪になったとき、よく観察してみると、誰かがアドバイス罪を振りまいていることも珍しくありません。

頼んでもいないアドバイスをされると、反論したくなりますが、よほど状況が改善する見込みがなければ、なるべくスルーすることをおすすめします。経験則上、アドバイス罪を振りまいてくる人に反論しても状況は変わらないどころか、悪化することが多いからです。

私はお酒を飲みませんが、お酒を飲む人に対して、飲むなと直接的に言うことはありません。私の本を読んでくださる方に、お酒の弊害を説明することはあっても、お酒を楽しんでいる人のところに行って、やめたほうがいいですよと言っても意味がないからです。その人は好きでお酒を楽しんでいて、私とは別の価値観をもっている。それだけのことです。

逆に、もしも私に「お酒を飲まないなんて、人生半分損していますよ」などと言って強要する人がいても、「ご無理ごもっとも」と聞き流しています。

「ご無理ごもっとも」というのは、相手の言うことが無理と思いながら「ごもっともですね」と従うことです。この「ご無理ごもっとも」と「生暖かく見守る」という言葉が気に入っているので、ひそかにキーワードにしています。アドバイス罪を振りまく人が現れたら、「ご無理ごもっとも」と言いながら、そっと遠ざかって、生暖かく見守ればいいのです。

第1章の5つの基本的欲求の説明でもお話ししましたが、大切にしたい価値観は人によって違います。その違いを認めた上で、それぞれの人と適切な距離感を保つのがいいと思います。

もちろん自分の意見として伝えることは大事ですが、自分の意見を伝えるということと、相手を変えようとすることは、まったく別です。価値観のバトルは消耗するだけです。

物事には好循環と悪循環しかない

普段の生活の中で、なぜだかわからないけれどもトントン拍子にうまくいく時期もあれば、何をやってもうまくいかない時期もあります。どちらでもない時期というのは、実は少ないのではないでしょうか。

つまり物事には、基本的に好循環と悪循環のどちらかしかないのだと思います。

では何が好循環と悪循環を分けるのかといえば、やはり選択の積み重ねです。

好奇心をもって、いろいろなことを学ぼうとしている人には、新しい知識や出会いが飛び込んできますし、何に対しても否定的で、自分から行動を起こさない人は、悪循環に入り込んでしまいがちです。

人間関係も同じです。一緒にいて楽しい人、きちんと約束を守る人、ポジティブなパワーをもつ人に囲まれて、自分も前向きになっていくこともあれば、周りが他人の悪口を言う人ばかりで、疑心暗鬼になったり、自分までネガティブになったりしてしまうこともあります。

悪循環から好循環に変えるためには、何らかの取っ掛かりが必要です。

人間関係でいえば、その取っ掛かりは、これまで会わなかった人と会うことです。

よく知らない人がいるところに行くのは億劫なので、お誘いがあっても断りたくなりますが、迷ったら行ってみることが大切です。実際に行ってみて、つまらなかったり、ちょっと違うなと思ったりすれば、次回から行かなければいいだけです。

行った先で、人脈を増やそうとして熱心に名刺を配ったりと、自分を売り込もうとする人がいますが、そんな必要はありません。ただ一緒にいて楽しいな、また会いたいなと思われる人になることだけを心がけてください。例えば自分の話ばかりせず、相手の話に耳を傾ける、体調を気遣う、約束を守るなどです。

まず出会った人とよい関係を築くようにする。一緒にいて楽しい人だな、この人は信頼できるなと思われれば、次も声がかかるようになります。そのつながりを少しずつ広げることを意識してみてください。その繰り返しで、人間関係は好循環を始めます。

いつも利他的でいよう

人間関係を築く上で一番大切なのは、利他的であることです。利他的というのは、相手の視点に立って考えられるということです。

利他的な性質のことを利他性といいます。これは向社会性とも言い換えられます。相手の気持ちを理解したり、共感したりできる能力です。

要は、一緒にいて楽しい人、他人に対してナイスな人になろうということです。

利他の対義語は利己、つまり自己中心的な考え方をすることです。

利己的な人は、他人に何かしてあげたとき、見返りを要求します。あるいは相手の時間を奪ったり、不愉快な気持ちにさせたりしても罪悪感を覚えません。

では利己的な振る舞いをして何が困るのかというと、自分自身が人間関係の悪循環に入ってしまうことです。

利他的な人は、周囲から信頼されるようになります。一緒にいると幸せな気持ちになれる

ので、**同じように利他的な人が集まる場に誘われるようになります。**利己的な人は、お誘いもかからなくなり、同じように利己的な人と集うようになります。

利他とは究極的には他人のためではなく、自分のためです。

その人が利他的な人かどうか判断するには、言葉よりも行動を見ることです。

さも他人のためであるかのように話しながら、いつも自分の都合を優先して遅刻やドタキャンしたり、横柄に振る舞ったりする人もいます。

私はゴルフが好きですが、一緒にコースを回る数時間で、相手の人柄がよくわかります。同じパーティにいる人がボールを見失ったら、探すのを手助けする人もいますし、キャディさんに気遣いのない人もいます。そうした細かいエピソードを通じて、利他性が見られているのだと思います。

利他的な人は、時間とともに人脈が増えていくのに対して、利己的な人は、時間が経つにつれて減っていきます。

ここ3年くらいの知り合いしかいない人は、後者である可能性があります。表面的には愛想がよくても、利己的な振る舞いをするので、3年も経つと周囲の人が離れてしまうからです。

いつでも逃げられる準備をしておこう

もちろん人間関係で失敗することもあります。

人間関係についても、人間は一定の確率で間違うことを前提にする必要があります。ちょっとおかしいなと思ったら、近づかないのが一番ですが、事前にわかることばかりではありません。いい人だなと思って付き合い始めてから異変に気づくこともあります。

隠れサイコパスという言葉があります。明らかに反社会的な人であれば、誰でもすぐに気づきますが、表面的にはとてもにこやかで社交的なサイコパスも多いそうです。北九州監禁殺人事件の犯人もサイコパスだと言われていますが、非常に人当たりがよく、裁判を傍聴した記者ですら引き込まれそうになったそうです。

そういう人は、よい人の仮面をかぶって相手を孤立させ、逃げられないところまできた段階で搾取を始めます。そういう人と関わってしまうと、お金を取られるくらいで済めばまだいいですが、最悪の場合、犯罪にでも巻き込まれようものなら人生が終わってしまいます。

サイコパスに限らず、いい人だなと思って付き合い始めても、人格に難があることに後から気づくケースがあります。付き合い始めは優しかったのに、相手が暴力を振るうようになったというケースもあるかもしれません。時間の経過とともに、自分も相手も変わっていきますから、人間関係は定期的な見直しが必要です。

特に女性は、子育ての間、配偶者に経済的に頼らざるを得ないことも多く、そのために相手の不義やDVがあっても泣き寝入りせざるを得ないケースが少なからずあります。このままでは自分が幸せになれないと思ったときには、離婚や別居という選択ができるように、結婚前の貯金は別にとっておく、復職できるようにしておく、最初はパートからでも働き口をもっておくことをおすすめします。

どんな人間関係でも、いざとなったらいつでも逃げられる準備をしておくことです。この人は危険だな、そばにいてはいけないなと思ったら、そのカードを切れるようにしておく。

そのためには、**いざというときには一人で生きていけるだけの経済力を手放さない、他にも人間関係をつくっておく、常に複数の選択肢をもっておくことです。**

年下の友人を増やそう

歳をとったとき、助けになるのは、お金よりも友人です。

国は年金をくれますし、どうしても困った事態になれば生活保護という制度もあります。けれども国が友人をくれることはありません。

老後資金は準備していても、人間関係には無頓着な人が多いのではないでしょうか。老後の備えという意味で、頼りになるのは、お金以上に友人です。

特に意識したほうがいいのは、年下の友人を増やすことです。年上や同年代の友人は、歳をとるにつれて、いなくなってしまうからです。長生きするつもりであればあるほど、年下の友人を増やさない限り、寂しい老後を過ごすことになりかねません。

どうすれば年下の友人がつくれるかわからない人は、同年代の友人が若い人を連れてくる場に参加してみるといいと思います。周囲が若い人ばかりだと気後れするかもしれませんが、友人を経由して知り合うことができます。若い人に誘われたら行くというマイルールを設けるのもいいでしょう。

同年代の友人と過ごすのは楽なので、どうしても同じコミュニティに閉じこもってしまいがちですが、それでは価値観が固まるばかりです。

私はボードゲームや人狼ゲームが好きなので、大会に参加したり、時には自分で主催することもあります。

年下の人と何を話していいかわからないとか、自分のほうが年長だからおごってあげなければと思う人もいるようですが、フラットに楽しい時間を過ごすことを心がければいいと思います。

これまでの日本社会では、年長者を敬うべきという風潮がありました。それは儒教の影響もありますが、長く生きているほうが物事をよく知っているはずという前提があったからです。しかし変化のスピードが速くなる中、その考え方は、残念ながら成り立たなくなっています。

私がインターネットを使えるようになったのは20代半ばでしたが、いま20代の人たちは生まれたときからインターネットがあるのが当たり前の環境で育っています。

ChatGPTやStable Diffusionなど生成ＡＩも使いこなしているので、やり方を教えてもらうこともしょっちゅうです。

年上だからという思い込みを捨てて、意識的に出会いを広げることで、自分自身の選択肢が増えます。

親子でも相手を自己同一視しない

人間関係の基本は、自分と他人の区別をつけることです。

当たり前だと思われるかもしれませんが、このことが腹落ちしないまま、自分と他人を同一視してしまう人がいます。そういう人は、自分はこう考えるから相手も同じはずだと思い込んでいたり、自分の期待通りに相手が動いてくれないと不機嫌になってしまいます。

自分と他人の区別をつけるためには、第1章で説明した基本的欲求を知ることが役立ちます。どんなに親しい家族や友人であっても、それぞれ基本的欲求は違いますし、上質世界に入れているイメージ写真も違います。

そのことを理解した上で、相手の基本的欲求を尊重し、自分は自分の基本的欲求を満たすように生きるのが自立ということです。

特に親子関係では、親が子どもを自分の一部であるかのように錯覚して、違う価値観をもつことを許せないという現象が起こりがちです。

赤ちゃんのときは一人では生きていけませんので、どこに行くにも親と一緒です。いわば親の一部として生きているわけです。

子どもが成長しているにもかかわらず、自分の一部であるかのように錯覚してしまう親は、この変化についていけず、子離れができていないわけです。そして自分の期待通りにコントロールしようとして、子どもの自主性や自己肯定感を損なってしまいます。

当然ですが、親も完璧ではありません。生まれたときから親だった人は存在しないわけで、経験したことのない育児に取り組むわけですから、どうしても失敗します。試行錯誤するうち、2人目、3人目になると慣れてきますが、この場合、どうしても長子が割を食うことになります。

長女や長男は、親との葛藤を抱えている場合が多く、その場合、いかに親を許すかということが重要です。大人になって葛藤に苦しむ人も多く、勝間塾で取り上げたこともあります。最終的には、親も別の人間であることを受け入れることが必要で、それが自立ということになります。その上で、親と距離をとるという選択をしてもいいと思います。

傾聴はお金のかからないギフト

利他といっても、何をしていいかわからないという人は、まず相手の話に耳を傾けてみるといいと思います。

私たちは、日常のコミュニケーションにおいて言葉を過信しがちです。しかし言葉は本来、不完全なものです。

言葉で表現することが得意ではない人もたくさんいますし、言い間違えたり、時にはうそをつく人もいます。人の気持ちを勘違いするタイプに多いのは、相手の言葉を真に受ける人です。

「大丈夫です」と言いながら顔色が悪くて気分が悪そうな人がいれば、少し注意深く見守ったほうがいいかもしれません。「はい、やります」という返事はよいけれども、心ここにあらずの部下がいれば、きっと忘れるだろうから、早めにリマインドしておこうと手を打てます。

こうした非言語コミュニケーション能力を高めるためのスキルに傾聴力があります。

相手の言葉に耳を傾け、じっくり聴くことで、相手が考えていること、本当に望んでいることを推測できます。

相手の望むことがわかれば、自分のできる範囲でサポートできます。さらに重要なのは、話をしっかり聴く姿勢を通じて、相手を大事にしている気持ちを伝えられることです。

傾聴は、いわばお金のかからないギフトです。自分の話を本気で聴こうとする相手にいやな感情をもつ人はいないはずです。

私たちは、人間関係をよくしたいと思うと、まず自分のことを理解してもらわなければならないと考え、他人からどう評価されるかということばかり気にしてしまいがちです。それよりも、目の前にいる相手がどのようなことを考えているのか、真摯に耳を傾けてみましょう。それを続けることで、結果としてよい人間関係がもたらされます。

傾聴について詳しく知りたい方には『ＬＩＳＴＥＮ――知性豊かで創造力がある人になれる』（日経ＢＰ）がおすすめです。私のマッキンゼー時代の同僚である篠田真貴子さんが監訳されています。

第5章

狭い世界から抜け出す武器

知識の選択

知識は選択の幅を広げる

私たちが知識を得るのは、自分が快適に過ごす選択肢を増やすためです。

人間は、自分の知らないものをイメージできませんから、本や動画、友人の話などを通じて知識を増やすことで、「これをやってみたい」「あんなことにも挑戦したい」という選択肢が増えていきます。

知識を得るためには、経験に勝るものはありません。実際にやってみて、時に失敗することで、知識は飛躍的に増えます。

経験の次におすすめしたいのが読書です。

私はドルコスト平均法による積立をおすすめしていますが、それを知ったのは、20代のときに『ウォール街のランダム・ウォーカー　株式投資の不滅の真理』（日本経済新聞出版）という本を読んだことがきっかけです。早速ドルコスト平均法によるインデックス投資を始めたおかげで、定期預金とは比べ物にならない利回りを実現できました。

マッキンゼーに入ったのも、本との出会いがきっかけです。社会人になったばかりのころ、大前研一さんの本を読み、このような考え方を身につけるには、どうしたらいいのだろうかと考えました。大前さんはマッキンゼー日本支社長でしたから、そうか、同じ会社に入ればいいんだと思って決意したのです。

本というのは、誰かが時間をかけて経験したことをまとめたものです。それが数百円、数千円で手に入るわけですから、読まない理由はありません。

気になった本を片っ端から読んでいくと、自分が知らなかったこと、想像もしなかったことばかりで、ページをめくるだけで面白いように世界が広がっていきます。

その中で、何か気づきがあれば、実際にやってみます。私は「三毒追放」、つまり「妬まない・怒らない・愚痴らない」をモットーにしていますが、それも読書で知った仏教の知恵をもとにしたものです。

人生のヒントは、あらゆる本に詰まっています。毎日少しずつ知識を得ることで、私たちの生活は、より豊かで便利なものになっていきます。

音楽を浴びるように読書しよう

忙しいから本を読む時間がないという人がいますが、私たちの生活の中には、思った以上にスキマ時間があります。移動時間もそうですし、荷物の配送を待つ間、洗濯が終わるのを待つ間など、手持ち無沙汰になることがあると思います。調理家電を使っている人は、その分の時間をつくることができます。

そうしたスキマ時間にネットやゲームをするのもいいのですが、本を読む習慣を身につけると、びっくりするぐらい人生が好転します。仮にスキマ時間をすべて読書に費やしたとしても、その時間投資に見合うだけのリターンがあります。

理想は一日30分ですが、5分、10分でもいいので、毎日スキマ時間があれば本を開くという習慣を身につけてみてください。もし、目を使う暇がなかったら、Audibleの耳読でもオッケーです。

社会人の半数以上は、一カ月に1冊も本を読まないという統計があります。もし月に1冊でも読めば上位50パーセント、月に5冊読めば上位10パーセントに入ることになると考えられます。

この統計からわかるように、本を好きな人というのは、実は少数派です。この少数派に入ることによって、まったく違う世界が開けます。

つまり、**もし他人より有利な地位を得たい、社会でうまくやっていきたいと考えるのであれば、一週間に1冊、本を読むことが早道です。**

一般的なビジネス書は千数百円、文庫本なら千円札でお釣りがくることがほとんどです。私はKindle Unlimitedを使っていますが、一カ月980円で読み放題です。これほどコスパのよい投資はないと思います。

自宅ではKindle for PCを使っていますが、外出するときはスマホのKindleアプリで、アポイントの間にカフェに入ったとき、美容院で髪を切ってもらうときなど、スキマ時間にひたすら読書しています。スマホを2台持ちするのもポイントで、そうすると読書用の端末と、人に連絡をしたりカレンダーを確認したり地図を見たりする端末に分けることができます。読書は中断すると、なかなか再開しづらくなるからです。本を閉じないようにするのと同じで、端末の画面も変えないようにするのです。

読書というと、膝を正して読まなければならないイメージがあるかもしれませんが、そうではありません。全部理解しようとか、読書メモをとろうと肩に力を入れると、本を読むのが億劫になってしまいます。

音楽を聴くとき、何か学びを得ようとする人はあまりいないと思います。なんとなくながら聴きして、気に入った曲があればリピートするだけです。読書も同じで、ちょっと気になるタイトルの本があったら読んでみて、面白そうなら続きを読むだけです。

浴びるように本を読む3つのコツ

忙しさにかまけて積ん読になってしまう人も多いと思います。そうならないために、ここでは読書を快適に行う3つの方法をご紹介します。

1　つまらない本は読まなくていい

読書がはかどらない原因は、つまらない本を読み続けてしまうことです。せっかく買ったから最後まで読もうとするのは時間の無駄です。それどころか読書自体がいやになってしまいます。

夢中になって一気に読めない本は、読むのをやめて、次の本にいきましょう。これが一番大事なコツです。

2　耳読をもっと活用しよう

2つ目のコツは、耳読の活用です。

目で読む読書ができる時間は限られていますが、移動時間やちょっとした作業の間など、耳読ができる時間はたくさんあるものです。

AudibleやKindleの読み上げサービスを使うと、スキマ時間を有効活用できます。

最近では、ファーウェイのHUAWEI WATCH Budsを使っています。聴きたいときに時計からイヤフォンをサッと取り出せるので、ちょっとしたスキマ時間を有効活用できます。

3　電子ペーパー系の電子書籍リーダーを積極活用しよう

電子書籍リーダーを使うと、重い本を持ち歩かずに、どこでも読書ができるので便利です。

電子書籍はタブレットでも読むことができますが、画面に光が反射して読みづらいので、OasisやScribeのようなKindle専用端末を使っています。

電子書籍専用に作られただけあって、画面の質感も紙に似ていて、読んでいても目がチカチカしません。さらに、私の場合、毎日1時間読んでも3週間充電する必要がありません。

私はこれらの端末を主に寝室で使っています。目に優しいからです。

テレビの話

私たちの体が食べたものでできているように、私たちの知識や考え方は、自分が見聞きした話やコンテンツからできています。

ですから、どのメディアを利用して、どのようなコンテンツを吸収するかということは、とても重要な選択です。

私がテレビを見ないのは、コンテンツの選択肢が少なすぎるからです。

YouTubeでは、無数にあるチャンネルや動画から見たいものを選べますし、読書にしても、古今東西あらゆる本から読みたいものを選ぶことができます。

ところがテレビは、地上波であれば東京でも10チャンネルほどで、選択肢が一気に狭まります。自由度が圧倒的に少ないのです。

全録レコーダーを試したこともありますが、録画したところで結局そのままにしてしまうので、そもそもテレビを見ること自体をやめました。わが家にテレビはありますが、もはやYouTubeやNetflix、Prime Videoが映るモニターと化しています。

逆に言うと、テレビの利点はスイッチさえ入れれば適当な番組を流してくれることです。自分で選択する必要がなく、受け身で楽しむことができるので楽ですが、コンテンツの広がりや選ぶ楽しみはなくなってしまいます。

選択肢がないということは、万人受けするコンテンツにならざるを得ないということです。その結果、どうしても当たり障りのない内容になりがちです。

先日読んだ本に、テレビがつまらなくなった一番の理由はコメンテーターだと書かれていました。本来なら、ニュースのテーマごとに専門家を呼ぶべきですが、予算がないので、好感度の高いタレントを呼んでお茶を濁すことになります。

日本のテレビ番組は、日本人向けに作られているので、どんなにヒットしたところで市場規模は限られています。今後、番組の制作予算は下がる一方でしょう。一方、Netflixは、世界78億人がターゲットなので、制作予算も日本とは比べ物になりません。その結果、良質なコンテンツが生み出されやすくなります。

以上が理由で、最近は一日1000分という限られた時間予算を割いてまでテレビを見ようとは思えなくなりました。

交通事故のニュースより交通事故統計を見る

テレビや新聞では、あおり運転や玉突き事故のような痛ましい交通事故がニュースになりますが、それが本当に役立つ情報かというと疑問です。

アナウンサーが悲愴な顔つきで「このような事故を繰り返してはいけません」と言っていますが、**もし自分が同じような事故を起こすまい、交通事故に巻き込まれるまいと思うなら、ニュースを見るよりも、交通事故統計を見たほうがいいと思います。**

どのような状況下で交通事故が起きやすいのか、事故を防ぐためにどう気をつけるべきか、分析して手を打つことが重要だからです。

統計によれば、交通事故が最も多い時間帯は夕方16〜18時にかけてです。また渋滞時に交通事故の起こる確率は、自由走行時に比べて、約7倍高くなるというデータもあります。

このことがわかれば、夕暮れ時にはなるべく自動車に乗らない、高速道路に乗るときは、休日の渋滞する時間帯を避けるといった対処法が浮かんできます。

休日にゴルフに行くときも、朝早く起きて空いている時間帯に移動します。帰りに渋滞に巻き込まれそうだと思ったら、目的地のそばで何時間かお茶をして、PCを開いて仕事をしたり、スマホにイヤフォンをつないでNetflixを見たりしているうちにピークタイムが過ぎますから、それから移動します。空いているミスドやサイゼリヤのようなチェーン店で、おかわり自由だったり、ドリンクバーがあるお店を選んでいます。混んでいるお店だと回転率を落としてしまうのが申し訳ないですが、空いているお店なら、逆にお客がいるほうがありがたいようで、歓迎してくれます。

いまはGoogleマップやYahoo!道路交通情報で道路の混雑状況がわかりますから、事前に確認して、渋滞しているコースは避けるようにしています。

3時間待つことによって事故を回避できるメリットと、急いで帰ろうとして渋滞につかまってしまい、事故に巻き込まれるリスクを比較すれば、外出先で3時間待ったとしても、渋滞を避けたほうがいいことは明らかです。

もちろんリスクをゼロにすることはできませんが、事故に巻き込まれる可能性、自分が事故を起こしてしまう可能性をなるべく排除するに越したことはありません。

やむにやまれぬ状況で急がなければならないこともありますが、快適で安全な時間を過ごすために、選択できることはたくさんあります。

リスキリングは毎日の積み重ね

リスキリング（学び直し）という言葉が流行っています。

その背景には、さまざまな領域でデジタル化が急速に進む中、専門人材が足りないので、自社の社員を再教育することで対応しようという動きがあります。製造業の工場では、大きなところではどんどんロボットが導入されているので、これまでラインで働いてきた人たちは、新しい技術を習得しなければ、仕事がなくなってしまうこともあります。

この動きは、今後も広がっていくでしょう。過去に習得した技術だけでは生き残れない時代になっていきますから、少なくともいま50歳以下の人は、資格や技術があるからといって安心せず、学び直しが求められるようになります。

ただ気をつけたいのは、学びというのは本来、毎日少しずつ積み重ねていくものだということです。

もちろんまとまったお金や時間がとれるのであれば、学校に行って学び直すのもいいと思いますが、それこそ「コスタイパ」を考えたほうがいいと思います。

最近では社会人大学院に行く人も増えていますが、学位を取ったからキャリアアップできたかのような成功談は、運営会社のセールストークと思って聞いておくほうがいいでしょう。数百万円の学費に見合うリターンがあるかということは、きちんと考えたほうがいいと思います。私自身は30代半ばで大学院に行ったことをまったく後悔していませんが、それから15年以上が経って、インターネットなどでさまざまな選択肢が増えていますので、必ずしも特定の社会人大学院に通学することだけが選択肢ではない時代になってきたと思います。

資格も同じで、医師や弁護士、会計士などの国家資格は別ですが、その他の民間資格は、習い事の延長のようなものです。学ぶことで趣味が増えたり、生活が楽しくなったりすることはあっても、収入アップが期待できるものではありません。

資格商法という言い方がありますが、問題は、資格を取ったり、学校に通ったりすることで、劇的に人生が変わるかのように錯覚させ、お金を使わせることです。

もちろん大学院に行ったり、資格を取ったりした上で、こういう道に進みたいという目的があればいいと思います。また学ぶこと自体、素晴らしいことですから、新しい知識や視座を得るためにお金を使うのは、なんら問題ありません。

ただ、なんとなく人生に行き詰まりを感じている人が、明確な目的や青写真もないまま高額な授業料を払って学校に通ったところで、それこそ機会費用の損失になりかねません。学びに一発逆転というものはないからです。

オンラインで自分だけの大学院をつくろう

おすすめしたいのは、オンラインで自分だけの大学院をつくることです。YouTube、Kindle Unlimited、Audibleの3つを組み合わせれば、たいていのことは学べます。

この3つをすべて組み合わせても、月に1万円もかかりませんから、社会人大学院に通う学費の数十分の一で学ぶことができます。

自分のペースで勉強することに不安があれば、Udemyやユーキャンなどの講座を受講してもいいと思います。Udemyは世界中で利用されているオンライン講座プラットフォームで、プログラミングやデザイン、マーケティングなど、ビジネスに役立つさまざまな講座を受けられますし、ユーキャンは行政書士や社会保険労務士などの資格対策から趣味の講座まで多様なカリキュラムがあります。

いまやハーバードのような海外の名門大学もＭＯＯＣ（Massive Open Online Course：大規模公開オンライン講座）を提供しています。こうしたカリキュラムを組み合わせることで、わざわざ高い受講料を払って学校に行かなくても、オンラインで自分だけの大学院をつくることができます。

英会話も同じです。数十年前には、高い受講料を払って英会話学校に行ったり、語学留学に行ったりする必要がありましたが、いまは自宅にいながらオンラインでネイティブスピーカーのレッスンが受けられます。

ここにスタディサプリを加えてもいいでしょう。大学受験のカリキュラムが当初、月額９８０円で受けられることで話題になったスタディサプリですが（２０２３年7月現在、ベーシックコース月払い月額２１７８円）、ＴＯＥＩＣ対策やオンライン英会話のコースも新設され、月々数千円で受講できます。

英語ができるようになると、仕事の選択肢が増えます。報酬も上がりますし、古い日本企業にありがちな年功序列のしがらみからも逃れられます。

ただ語学学習に関しては、学ぶ目的が明確でない限り、ほとんどの人は途中で挫折しますから、英語を使わざるを得ない環境に自分を追い込むことをおすすめします。一番早いのは、英語を使う仕事に転職を決めてしまうことで、いやおうなく勉強することになります。もしそれが難しくても、例えば「この会社に就職したいから、いつまでにTOEIC800点以上をとる」と決めておくといいと思います。

第6章

絶対的最優先事項
健康の選択

健康はすべてに勝る資本

人間の幸福に影響をもたらす最大の要因はなんでしょうか。さまざまな研究が行われていますが、それは健康だとされています。

どんなにお金があっても、健康が損なわれてしまうと、さまざまなことが不自由になります。逆に健康であれば、多少お金がなくてもなんとかなります。健康の有り難みは、空気のようなもので、普段は意識しませんが、病気やけがをして初めてわかります。

国はお金をくれても友人はくれませんが、同じように、健康をくれることもありません。健康を守りたいなら、自分の力で備える必要があります。

よく勘違いされているのは、国民健康保険という制度は、健康そのものを保障してくれるものではないということです。けがや病気を治療する、つまり悪い状態をマシな状態にするための補助制度にすぎません。なんらかの疾病やけがが認められて、初めて健康保険のカバー対象になります。

漢方では未病という言葉があります。「発病には至らないものの健康な状態から離れつつある状態」を指しますが、未病を治すのも保険の対象にはなりませんので、自費診療になります。ましてや現在の健康を維持するための費用は、健康保険ではカバーされていませんので、自力で守るしかありません。

では、どうすれば健康を維持できるかという話ですが、日々の習慣を積み重ねていくほかありません。

第1章でもお話ししたように、がんや心臓病、脳卒中、糖尿病などいわゆる生活習慣病は、生活習慣の積み重ねによって引き起こされることがわかっています。つまり私たちの選択次第で、健康寿命は大きく変わります。

では健康のためには、どのような選択を積み重ねればいいのでしょうか。具体的なポイントは、主に次の3点です。

1　食事
2　睡眠
3　運動

それぞれのポイントについてご説明します。

1 食事

[選択1] コンビニ弁当よりそばチェーン店を選ぼう

私たちの体は食べたものでできていますから、食事は重要です。**特に意識して摂取する必要があるのは、タンパク質と食物繊維です。**現代の食生活では、炭水化物や脂質が過多になり、タンパク質と食物繊維は不足しがちです。**タンパク質と食物繊維をとるには、新鮮な肉や魚、野菜や果物、豆や海藻を食べることです。**

そのためには、スーパーマーケットで生鮮食品を買い自炊するのが一番効率的ですが、難しい場合には、外食で済ませることになります。

レトルト食品やコンビニ弁当には、タンパク質と食物繊維がほとんど含まれていません。それは、この2つが加工に向かないからです。一方、炭水化物や脂質は加工しやすく、コストもそれほどかからないので、ダブル炭水化物に揚げ物のような組み合わせの弁当ばかりになります。

ですから、忙しくて料理する時間がとれないときには、コンビニ弁当を買うよりも外食に行くことをおすすめします。私が一人で外食するときは、サイゼリヤかそばチェーン店のゆで太郎に行くことがほとんどです。

サイゼリヤでは、メイン料理に加えて、にんじんサラダや青豆の温サラダなどを注文します。一皿のポーション（量）が選びやすく、一人でもたくさんの品目をとれるのが魅力です。ゆで太郎では、丼物のセットもありますが、私には量が多すぎるので、肉野菜あんかけそばなど、一品でタンパク質と食物繊維をとれるものを選びます。

［選択2］弁当や惣菜は、その場で調理しているものを選ぼう

私がコンビニ弁当を食べないもうひとつの理由は、添加物です。

工場で製造した惣菜や弁当は、時間が経っても腐りません。それは防腐剤や添加物が多量に使われているからです。私は「腐らない食べ物」と呼んでいます。

自宅で作った料理が残ったら、必ず冷蔵庫に入れて、時間を空けずに食べます。そうしなければ、あっという間に腐ってしまうからです。夏場は半日常温のところに置いただけでカレーにかびが生えます。それが食べ物の本来の姿です。

冷凍食品や真空パックのレトルト食品であれば別ですが、酸素が触れる状態で、常温で置いていているにもかかわらず長時間腐らないということは、防腐剤や添加物が多量に使われているということです。

そのため私は、どうしても時間がなくて弁当や惣菜を買うときは、コンビニではなく、スーパーマーケットの総菜コーナーで買うようにしています。店舗内のバックヤードで調理していますから、防腐剤や添加物が使われていたとしてもわずかであるはずだからです。

コンビニで買うのは、納豆やバナナなど、添加物が入っていないことがわかるものだけです。どうしても忙しいときは、コンビニで野菜を買うこともあります。

［選択3］簡単に自炊できる仕組みをつくろう

生鮮食品を買って自炊するのが一番だとわかっていても、忙しいとなかなかできません。特に一人暮らしの場合、どうしても外食やコンビニ弁当に頼りがちです。

夜の8時、9時に帰ってきて、まな板と包丁を出して一から料理するのは大変です。自炊を続けるポイントは、いかに自分の手間を減らして、簡単にできる仕組みをつくれるかどうかです。

凝ったものを作る必要はありません。私は新鮮な野菜を食べるための工夫として、カゴメの「洗わないでそのまま使える国産ベビーリーフミックス」をよく買います。パックから出して、そのまま食べられるので重宝しています。

私はヘルシオのホットクックやウォーターオーブンなどの調理家電を推奨していますが、特に一人暮らしの人におすすめしたいのはウォーターオーブンです。ホットクックはシチューや煮込み料理をまとめて作るのにはいいのですが、少量の料理を作るのには向きません。ウォーターオーブンを使うと、一人分の料理を手軽に作れます。一人用の土鍋に野菜を入れて、煮込みモードボタンを押せば、おいしい野菜煮込みが食べられます。最近はアイリスオーヤマのシェフドラムもお気に入りに仲間入りしまして、よく、低温スープを作っています。80度や90度でコツコツとかき混ぜながら野菜とお肉を煮続けてくれるのです。

私は娘と二人暮らしですが、ご飯は食事のたびに一合炊いています。内鍋にお米と水を入れてホットクックで加熱するだけで、おいしいご飯が簡単に炊けます。

グリルで魚を焼くと、洗い物が面倒ですが、ウォーターオーブンの場合、庫内クリーン機能がついていますので、天板や網の汚れをスチームで自動的に落とし、さっとお湯で洗い流すだけできれいになります。わが家でよく焼き魚が食卓に登場するのは、ウォーターオーブンのおかげです。

理が働きます。

［選択4］コンビニよりもスーパーのそばに住もう

私たちが思い立ったときにすぐ足を延ばせるのは、移動にかかる時間が5分以内のところまでだそうです。それを超えると億劫になるので、近くにあるところで済ませようという心理が働きます。

そのため、スーパーマーケットのそばに住むのか、コンビニのそばに住むのかによって、健康は大きく左右されることになります。スーパーマーケットまで車で20分かかるような場合、毎日こまめに行くのは、どうしても面倒になります。徒歩5分のところにコンビニがあれば、弁当を買って済ませようということになりがちです。

もし住宅探しに迷ったら、コンビニよりも品揃えのよいスーパーマーケットのそばを選びましょう。自然と自炊しやすくなります。

スーパーマーケットまで歩けば健康的ですが、車でもいいと思います。あるいは、電動アシスト自転車もおすすめです。1台あるとないとで、買える量がまったく変わります。二人暮らしでも、3日分、4日分の食料は重くて徒歩や自転車で運ぶのはつらいものがあります。ましてや食べ盛りのお子さんがいる家庭では、車は必須でしょう。

車を持っていなかったり、スーパーが近くになかったりする人には、ネットスーパーをおすすめします。私は以前、Oisixを使って、新鮮な食材が定期的に自宅に届くようにしていましたが、いまは娘と二人暮らしなので使っていません。送料が高くついてしまうからです。最近ではAmazonフレッシュなどのネットスーパーもあります。一人暮らしかファミリーか、世帯人数によって、自分に最適な方法を選択していただければと思います。

とにかく重要なのは、簡単に続けられるかどうかです。生鮮食料品を定期的に購入して、手間をかけずにおいしく調理できる方法を模索して、習慣化することです。

［選択5］お酒は飲まないのが一番

健康な食生活のためには、依存性のある食品を遠ざけることも重要です。具体的には、お酒と砂糖です。

お酒はかつて「百薬の長」と言われていました。少量飲むことで、ストレスを解消したり、血行を改善したりして心臓疾患などに抑制効果があるというものですが、その後、さまざまな研究で、健康に及ぼす害のほうがはるかに大きいことがわかっています。

アルコールの大部分は肝臓で分解されます。肝臓は、有害な物質を分解して無毒化する解毒機能をもっていますが、お酒を飲むと、肝臓がアルコールの分解に追われてしまい、他の有害物質に手が回らなくなってしまうのです。

私も30代くらいまでは、一晩にワインを1本近く空けていました。お酒をやめたのは、さまざまな本を読み、どれだけ健康に悪影響を及ぼすかということがわかったためです。

アルコール依存というと、朝から飲んだり、お酒が切れると手が震えたりするような人をイメージして、自分はまだ大丈夫と考える人が多いのですが、そうではありません。今日は飲まないと決めたのについ飲んでしまったとか、1杯でやめようと決めていたのに何杯も飲んでしまう人は立派な依存症です。

禁酒しようと思ったら、単純にお酒を家に置かないことが一番です。

禁酒して数日間はつらいのですが、1週間も経つと、お酒を見ても飲みたいと思わなくなります。

お酒を飲むと楽しい気分になるのは、ギャンブルと同じで、脳内にドーパミンが分泌されるためです。アルコール依存症の人は、お酒の味よりも、ドーパミンがもたらす快楽を求めて飲み続けるわけです。ところが、しばらく飲まずにいると、ドーパミンがもたらす快楽や多幸感の記憶が消えてしまいます。1カ月もあれば完全に消えるとも言われています。

［選択6］甘いものを食べるなら「本物の砂糖」を選ぼう

同じように依存性のある食品として、砂糖があります。欧米では、砂糖はマイルドドラッグと呼ばれ、アルコールやニコチンと同じように、依存性の高い物質とされています。

厳密に言うと、私たちが普段、砂糖と呼ぶものには2種類あります。

ひとつはサトウキビやテンサイから作られたもので、ここでは本物の砂糖と呼ぶことにします。

本物の砂糖は、そもそも多量に摂取できません。もし角砂糖を5個食べろと言われても、受けつけない人がほとんどだと思います。

もうひとつは、いわゆる合成甘味料です。

市販のジュースやコーラ、お菓子などによく使われているのは、果糖ブドウ糖液糖などの異性化糖です。穀物などのでん粉を工業的に加工して作ったもので、安価に製造できるため、さまざまな食品に使われています。代表的なものに、トウモロコシのでん粉を加工して作るコーンシロップがあります。

本物の砂糖を食べると、血糖値が上がり満足感を覚えますが、合成甘味料は、脳が糖だと認識できないので、いくらでも食べられてしまいます。500ミリリットルのペットボトルのコーラには角砂糖10数個分の合成甘味料が使われていますが、平気で飲めてしまうのは、このためです。

『果糖中毒 19億人が太り過ぎの世界はどのように生まれたのか?』(ダイヤモンド社)によ

れば、現代人の肥満が爆発的に広まったのは、このコーンシロップが食料品に使われるようになってからのことだそうです。

私は砂糖をなるべく使わないシュガーフリー生活を送っていますが、どうしても甘いものが食べたいときは、自宅で手作りするか、店で買う場合にも、本物の砂糖を使って作られたお菓子を選ぶようにしています。少量で満足できるので、食べすぎてしまう心配がありません。

最近ですと、カロリーのない合成甘味料も体に悪影響があるというデータが増えてきました。依存性のある食品は、それ自体が害であるだけでなく、自分の行動がコントロールしづらくなってしまうので、結果としてお金や時間を無駄にしがちです。

2 睡眠

［選択7］副交感神経優位の時間を増やそう

私たちが呼吸したり、血液を送り出したり、体温や血圧を一定に保ったりするのは、自律神経の働きです。私たちの意思とは無関係に、寝ている間も自律的に働いて、体をベストの状態に保ち続けてくれるのです。

自律神経は、交感神経と副交感神経という2つの神経からなっています。交感神経は「活動する神経」と言われ、体の働きを活発にします。それに対して副交感神経は「休む神経」と言われます。

敵を目の前にしたり、危機的な状況に陥ったりすると、交感神経が優位になります。血管が収縮し、心拍数が上がり、血圧は上昇します。いつでも戦えるように、体が臨戦態勢に入るのです。

一方、寝ているときやリラックスしているとき、食事しているときは、副交感神経が優位になります。副交感神経が優位になると、胃腸の動きも活発になります。

どちらの自律神経も大切な役割を担っていますが、現代では、仕事のストレスにさらされたり、スマホやテレビからさまざまな刺激が入ってきたりすることによって、どうしても交感神経が優位になりがちです。

交感神経優位な状態が続くと、血液内に顆粒球が増加し、活性酸素が発生します。この活性酸素は、がんの発生や転移に大きく関わっているとされています。

つまり、一時的な臨戦態勢をとるだけでなく、恒常的なストレスにさらされ続けることで、交感神経優位な状態が続いてしまい、がんなどにかかるリスクが増加してしまうわけです。

逆に副交感神経優位の状態が続いてしまうと、ダラダラ過ごすことになりますからバランスが大切ですが、現代の生活では、交感神経をどう休めるかということに注力したほうがいいと思います。

具体的には、湯船に浸かってじっくり温まったり、休憩時間に温かい飲み物を飲んだりするなど、生活の中にリラックスできる時間をなるべく取り入れることです。

私は、アポイントの間に原則として1時間挟むようにしています。仕事をしている間は、どうしても交感神経優位になります。夜の会合に出た後も、交感神経優位になっているので、なるべく早い時間に終わるようにして、ベッドに入るまでに2時間、3時間の余裕をもたせています。

［選択8］睡眠に投資しよう

副交感神経を優位にするために一番手軽なのは、睡眠をとることです。

瞑想などのマインドフルネスもいいのですが、一番簡単な方法は寝ることです。私は、睡眠は最も手軽な瞑想だと考えています。

副交感神経が優位なときは、免疫力も上がります。寝ている間に有害なものを体が分解してくれるので、病気にかかりにくくなりますし、成長ホルモンが分泌され、新陳代謝を高めてくれるので、肌つやもよくなります。

一日8時間睡眠とすると、人生の3分の1は眠っていることになります。良質な睡眠は、健康によく、活動時間のパフォーマンスを高めることにもつながりますから、どれだけ投資しても高すぎることはありません。

私はファーウェイのスマートウォッチで睡眠の質を管理しています。睡眠時間の長さや睡眠の質を計測してくれて、100点満点でスコア換算してくれるものです。

計測してみてびっくりしたのは、思っていたよりも睡眠の質が悪かったことです。100点満点のうち、せいぜい70点台で、80点以上になることはほとんどありませんでした。

そこで睡眠スコアを上げるために、さまざまな工夫をしました。寝室にスマホを持ち込まないことはもちろんですが、枕やベッドマットを替えてみたり、寝室の照明を変えてみたり、環境音楽をかけたり、4年ほど試行錯誤を続けた結果、いまではコンスタントに80点台です。

ちなみに意外と効いたのは、アンパンマンの大きなぬいぐるみと一緒に寝るようにしたことです。笑い話のようですが、スコアが2点ぐらい上がりました。

[選択9] 大事な選択は寝てからしよう

現代の私たちが抱える悩みの多くは、睡眠不足に起因しているといっても過言ではありません。食欲不振や体重増加、ストレスなど、睡眠を8時間以上とれば、大半のことは解決します。

睡眠が不足すると、正常な判断力が失われます。そのため大事な選択をするときは、十分な睡眠をとってから決めることが大切です。難しい選択を迫られて迷うときには、まず寝てから考えましょう。

昔、雪印乳業が食中毒事件を起こしたとき、当時の社長がマスコミの前で「私は寝ていないんだ」と発言し、さらに炎上したことがありました。

事件の対応に追われ、寝る時間もなかったのだろうと思いますが、もし十分な睡眠をとっていたら、この発言が火に油を注ぐことも判断できたでしょう。睡眠不足の人に大事な決断を任せてはいけないという事例です。

余談ですが、私は病院に行くとき、なるべく午前中を選びます。昼から夕方にかけて誤診率が増えると言われているからです。医者も人間ですから、何時間も診療していると、どうしても疲労が溜まります。

病院だけでなく、美容院やまつ毛エクステなど、人が施術してくれるサービスは、なるべく開店直後に行くようにしています。これも同じ理由で、夕方や夜になると、どうしても疲れてサービスレベルが落ちるからです。朝一番に行っても、夜遅い時間に行っても、料金は変わりませんから、早い時間に行くほうがコスパがいいのです。

3 運動

［選択10］スポーツジムに行くより自宅で体を動かす習慣をつけよう

食事や睡眠と並んで大切なのが運動です。

運動が大切であることは誰もがわかっていますが、忙しさにかまけて、運動不足になってしまいがちです。これではいけないとスポーツジムに申し込んでみたものの、三日坊主になってしまい、気づけば会費だけが引き落とされていく。そんな方も多いのではないでしょうか。

私も以前はジムに行っていましたが、一人で黙々とベンチプレスをしていても、どうも楽しくないので、やめてしまいました。いまはゴルフコースを回ったり、家でスクワットやパター練習をたりしています。習慣として続けるためには、楽しんでできることも大切です。

ジムに行くのもいいのですが、仮に週1回ジムに行き、70分間運動するとします。これでは平均すると一日10分しか運動していないことになります。それよりも一日15分、家の中で体を動かす習慣をつけるほうが効果的です。

最近は、オンラインで受講できるプログラムもたくさんありますし、YouTubeで動画を見ながらエクササイズするのもいいと思います。

より効果的なのは、「ながら」で体を動かせるようにしておくことです。

例えば私は、書斎でミズノスクワットスリールαというフィットネスチェアを使っています。座面が上下するので、机に向かって作業しながら自然にスクワットができます。

こまめに家事をするだけでも結構な運動量になります。

洗濯物を溜めない。シンクに食器を置きっぱなしにしない。お風呂に入ったついでに毎日掃除する。細かいことですが、一週間続けると、週1回のジムに匹敵する運動量になります。

私は、床に髪の毛が1本落ちていたら、お掃除シートやハンディクリーナーを使って周辺を掃除するのをマイルールにしています。

［選択11］スポーツジムに行くより一日1万歩を習慣にしよう

もうひとつ、日常の中に運動を取り入れる方法として、一日1万歩歩くことをおすすめしています。

歩幅によって個人差がありますが、私の場合、一日6〜6・5キロ程度歩くことになります。時間にすると1時間半ほどです。

これまでも5000〜7000歩は歩いていましたが、ある本を読んだことをきっかけに、一日1万歩歩くことが習慣になりました。その本によれば、人類がさまざまな疾病に悩まされるようになったのは、歩かなくなったためだということです。

最初は、1万歩歩くとぐったりしていましたが、続けるうちに、なんともなくなりました。それまではゴルフに出かけても、ラウンドの後半で疲れてしまい、スコアも崩れがちでしたが、最後の18ホールまで体力が保つようになりました。また日常のちょっとしたことでも、フットワーク軽く動けるようになりました。

さらにうれしかったことは、ウエストがワンサイズ以上細くなったことです。体重は1〜2キロ落ちた程度で、それほど変わりませんが、ボトムスはSサイズのものを選んでもウエストが緩いほどです。一日1万歩を習慣にすることで、体脂肪率が19パーセントにまで下がったので、おそらく内臓脂肪が減ったのでしょう。

歩くことで足腰が鍛えられ、全身の血行がよくなるだけでなく、脳内でセロトニンが分泌されることによって、気持ちが安定して、ポジティブになれるという効果もあります。マインドフルネスには歩行瞑想というものがあるそうですが、いわばアクティブな瞑想です。さらにお金がかからず、ウェアや道具がなくても思い立った日から始められるのですから、いいことずくめです。

毎日の歩行数と距離はファーウェイのスマートウォッチで管理しています。加えて、習慣化するために「みんチャレ」という三日坊主防止アプリを利用しています。これは同じ目標を持つ5人が一組になり、毎日の達成状況を共有したり、励まし合ったりすることで、達成しやすくなるというものです。

ジムで専属トレーナーについてもらうのもいいのですが、お金をかけず楽しく続けるためのツールがたくさんありますので、ぜひ試していただきたいと思います。

健康免罪符にお金を使わないようにしよう

私はスポーツジムやサプリのことを「健康免罪符」と呼んでいます。

免罪符というのは、中世の教会が「これさえ買えば、どんな人でも死後には天国に行けます」と言って売っていたお札のことです。もちろんなんの根拠もないのですが、「地獄に堕ちたらどうしよう」という不安をあおって商売していたわけです。

現代では「こんな不健康な生活をしていて大丈夫だろうか」と不安を感じる人たちに向けて、「これさえあれば安心」とばかりにさまざまな健康食品やグッズが売られています。コンビニやドラッグストアに行くと、サプリが陳列されていますが、いかに健康免罪符にお金を使う人が多いかを物語っています。

もちろんジムに行ったり、サプリを飲んだりするのは悪いことではありません。問題は、それさえ買っておけば帳消しになるかのように思い込んで、日頃の習慣がおろそかになってしまうことです。

しっかりとした食事や睡眠、運動という基礎があった上で、足りない部分をサプリで補うのはまったく問題ありません。しかし基礎の部分がおろそかになっているのに、サプリだけ飲んでも意味はありません。

プロテインも同じで、飲むなとは言いませんが、これを飲んだからといって、肉や魚などのタンパク質をとらなくていいということではありません。また、市販の野菜ジュースは、加工された瞬間に食物繊維やビタミンの大半は除かれてしまいますから、糖分を飲んでいることにもなりかねませんが、野菜をとっているという気休めのためにお金を使うわけです。

健康は大切なので、私たちはどうしてもお金に頼って解決したくなります。しかし本当に健康的な生活をするには、お金はそれほどかかりません。

健康免罪符にお金を落とすよりも、普段の生活の中で、なるべく無理のかからない形で栄養のあるものを食べ、睡眠や運動を続けられる環境づくりに投資するほうが、結果として、お金をかけずに健康寿命を伸ばすことができます。

体重よりも体組成をチェックしよう

健康に気を使おうとすると、どうしても体重に目が行きがちです。家で毎日体重計に乗ってチェックしている人も多いのではないでしょうか。

体重チェックもいいのですが、それよりも大切なのは、体組成チェックです。

体組成とは、自分の体が何でできているかということです。私たちの体を構成する組成分は、脂肪・筋肉・骨・水分に分類されます。体組成計を使うことで、体脂肪率と筋量、骨量をチェックできます。

健康診断などではＢＭＩの数値を気にする方も多いと思います。ＢＭＩは、体重と身長から算出される肥満度を表す数値です。肥満の判定基準は国によって異なりますが、おおよそ18・5〜25未満が普通体重とされています。なお、特に50代以降は痩せすぎも栄養失調や骨粗しょう症のリスクが大きくなるので、ＢＭＩは20を切らないことが推奨されています。私もなるべく20を切らないようにコントロールしています。

ただ同じＢＭＩでも、スマートでシュッとしている人もいれば、肥満体型で明らかに不健康そうな人もいます。その違いは体組成、つまり体脂肪率と筋量、骨量です。

体組成のバランスが崩れると、骨折しやすくなったり、生活習慣病にかかりやすくなったりします。

同じ脂肪でも、皮下脂肪はそれほど問題ありませんが、胃や腸のまわりにつく脂肪、いわゆる内臓脂肪が増えてしまうと、高血圧や高血糖、脂質異常の原因となり、心臓疾患や脳卒中、糖尿病などにつながります。

また女性の場合、女性ホルモン低下の影響で骨量が減少して、骨粗しょう症になりやすくなりますから、注意が必要です。

逆に体脂肪率と筋量、骨量が適正であれば、ＢＭＩも自然と正常値に収まりやすくなります。日本ではＢＭＩが25以上になると肥満とされますが、体脂肪率や筋量がコントロールできていれば、そもそも25を超えることはなかなかありません。

体組成計はAmazonや家電量販店で買えますし、体重計とセットになっているものも多いので、手頃な価格のものをひとつ手に入れておくことをおすすめします。

ただ精度については、価格相応のものが多いので、数カ月に一度は、スポーツジムなどにある体組成計で正確な数値を計測するようにしてください。その上で、自宅ではペースメーカーとして大まかな数値を計測するにとどめるほうがよいと思います。

第７章

感情の選択

感情に支配されずに生きる

感情はコントロールできないことを前提にしよう

ここまで合理的な選択術についてお話ししてきましたが、私たちは、間違っていると知りながら、そちらを選択してしまうことがあります。その原因をよく考えてみると、一時的な感情に支配されていることが多いのです。

特に腹が立っているとき、困っているとき、私たちの認識は歪んでしまいがちです。正しいのは自分で、相手が間違っているという被害者感情に陥って、怒りで頭がいっぱいになります。そして、一刻も早くそれをわからせなければと考え、相手を責めたり、怒りに任せたメールを打ってしまったりして、冷静になってから後悔する人も多いのではないでしょうか。

プロローグでもお伝えしたように、自分の感情は、基本的にコントロールできません。その前提に立って、物事を組み立てる必要があります。自分は理性があるから、感情に流されたりしないというのは自己過信です。

一時的な感情に支配されて、選択を誤らないためのポイントは2つあります。

1 感情と行動の間に一拍置く

感情に頭が支配されているときは、とにかく行動しないことです。

腹が立ったとき、相手を責めたり、文句を言ったりしたところで、ほとんどの場合、ろくな結果になりません。とにかく一拍置くことです。

問題は感情に支配されることではなく、感情と行動をつなげてしまうことです。誰かに怒りを感じるのは構いませんが、行動に移すのは、感情が収まってからにしましょう。

怒りや恐怖、不安などの感情が生まれるとき、脳の中にある大脳辺縁系が活発に動くことがわかっています。それに対して、怒りをコントロールしたり、物事を合理的に判断したりするのは大脳皮質の前頭葉の役割です。つまり、大脳辺縁系で生じた怒りを前頭葉が理性で抑えるわけですが、怒りが湧いたとき、前頭葉はすぐに対応できません。**アンガーマネジメントで「怒りを感じたら6秒待て」と言われますが、これは前頭葉が働き始めるのを待つという意味があります。**

とにかく一拍置いて感情と行動を切り離すことです。そして理性的に考えられるようになってから行動しましょう。それは相手のためではなく、自分のためです。

2　感情ではなく余裕率をコントロールする

そもそも感情的になってしまうのは、多くの場合、余裕を失っているためです。

時間がないときに行列に並ぶと、先頭の人が少しもたもたするだけでイライラするかもしれませんが、時間に余裕があれば、まあいいかと鷹揚な気分でいられます。

「金持ち喧嘩せず」とはよく言ったもので、余裕がある人ほど、あまり小さなことに目くじらを立てません。

一方、お金が足りなかったり、締め切りが迫ったりしているようなときには、少しのことにもイライラしてしまいます。お腹が空いているとき、体のどこかが痛むようなときも同じです。

ついカッとなってしまうのは、余裕がないからです。生まれもった性質が穏やかな人でも、余裕を失えば、感情に振り回されるようになります。世の中には善人と悪人がいるのではなく、余裕のある人とない人がいるだけです。

自分の感情をコントロールすることはできませんが、余裕率をコントロールすることはできます。

どうも怒りっぽい、つい感情的になって他人に当たってしまうという人は、感情そのものをコントロールしようとするのではなく、自分の余裕率がギリギリになっていないか、見直してみてください。

もしお金に余裕がなければ家計を見直す、時間に追われているなら、少し余裕をもった行動を心がける、十分に睡眠をとるなどして、きちんと余裕率をコントロールすることで、感情に振り回されることが減るはずです。

コンピューターはCPUやメモリの使用量が50パーセントを超えた途端、マルチタスクが滞り、操作がフリーズするようになります。

私たちの脳も同じで、一見、できるように見えても、パンパンになると何もできなくなるのです。一定の余裕率をもたせることで、きちんと動くようになり、正しい選択ができるようになります。

相手の感情に巻き込まれないようにしよう

怒りや否定の感情は、多くの場合、自己防衛本能からきています。相手の何気ない言動に対して、自分が責められているように感じて「自分は悪くない」と過剰反応してしまうのです。

この「自分は悪くない」を起点にする感情が前面に出てしまうと、いろいろな物事が面倒になります。

よくわからない理由で突然怒り出す人や、わけもなく攻撃的になる人と会ったら、スイッチの入った原因を考えてみることをおすすめします。

突然ネガティブな感情をぶつけられると、カチンとくることもありますが、そこで同じ土俵に上がってしまうと、こちらまで余裕を失ってしまいます。

よく耳を傾けてみると、上司に怒られるのが怖くて、必要以上に威圧的になっているだけだったとか、自分がものを知らないとばれるのが怖くて虚勢を張っていたというような原因が見えてきます。要は「自分は悪くない」と必死に主張していることが多いのです。

原因がわかれば、こちらの意図を丁寧に説明したり、責めているわけではないことを伝えたりするなど、自分の行動を選択できます。

原因を考えてもよくわからなければ、そっと距離を置きましょう。相手のネガティブな感

情に巻き込まれても消耗するだけで、よい結果は生まれません。相手の行動は選択できないので、相手との距離を選択するわけです。

原因を分析した結果、明らかに自分に非があれば、改めるべきことは言うまでもありません。

時間を守れない人は感情に振り回されがち

待ち合わせに頻繁に遅れてくる人とは距離を置くようにしている、とお話ししました。それは、約束した時間を守れない人と付き合うのはリスクが高いと考えているからです。

なぜリスクが高いのでしょうか。私は3つの理由があると考えています。

1 利己性の高さ

約束の時間を守れないのは、端的に言えば、他人の時間よりも自分の都合を優先しているからです。

事故や渋滞などやむを得ない理由で遅刻するのは仕方ありませんが、いつも遅れてくる人は、相手を待たせても構わないと思っているわけで、そもそも自分中心主義である可能性が高いと考えています。

2 時間割引率の高さ

目の前のことに囚われず、計画性をもって逆算すれば、約束した時間に遅れることはそうそうないはずです。ところが約束の時間に遅れる人というのは、時間割引率が高いので、目の前にやりたいこと、やらなければいけないことがあると、そちらを優先してしまいます。その結果、3時間後に迫っている約束の時間については極端に優先順位が低くなってしまうわけです。

3 自己コントロール権の欠如

翌朝が早いのに、目先の誘惑に負けてお酒を飲んで寝坊してしまう。出かけなければいけないのに、天気がよいので洗濯したくなって遅刻する。

約束した時間を守れない人は、自分のことや、いま目の前にあることを優先して、本来なら優先しなければならない約束をおろそかにしてしまう人です。

約束した時間が迫っていても、自分の都合や欲求を優先したい気持ちは、誰にでもあります。ただ大人になれば、そうした都合や欲求を理性でコントロールするようになります。

つまり時間を守れない人は、自分の感情に振り回され、自己コントロール権を失っている場合が多いのです。

言語能力を鍛えて感情に振り回されない

私たちの感情、つまり喜怒哀楽を司るのは、脳の中にある大脳辺縁系という部分です。一方で、理性を司るのは、大脳皮質の新皮質という部分です。大脳新皮質は、脳の外側にあり、大脳の中で最後に発達したと言われています。

論理的に考えたり、理性的な判断を下したりするのは、この大脳新皮質にある前頭葉の役割です。

感情に振り回されてしまう人は、この部分が未発達で、大脳辺縁系が司る感情や本能のままに行動してしまうことが多いのです。

赤ちゃんは前頭葉が未発達なので、お腹が空いた、おしめが濡れて気持ちが悪いと泣き続けます。ところが言葉を話せるようになると、泣かなくてもごはんが食べられることを学習します。「お腹が空いた」「何か食べたい」と伝えればいいことです。

感情がうまくコントロールできない人は、赤ちゃんのまま大きくなった人です。言語化が苦手で、腹が立っているけれど、うまくそれを説明できない。人に伝えられない。悩みや不満を上手に伝えられない。何か不満があると、怒鳴り散らしたり、泣きわめいたり、時には暴力を振るってしまうわけです。

では、感情に振り回されないためにはどうしたらいいのでしょうか。それは前頭葉を鍛えて言語能力を養うことです。

言語能力を高めるためには、読書が有効です。本を読むと、語彙が増えて、自分の感情を表現しやすくなります。

自分の感情はコントロールできないとお話ししましたが、それは大脳辺縁系が司る感情や本能を直接コントロールできないからです。ただ正確に言うなら、前頭葉を鍛えることによって、感情や本能を暴走させないようにすることはできます。

つまり**言語能力を養うことによって、理性や思考力を鍛え、結果として感情をコントロールできるようになるわけです。**

言葉というのは、私たちの意識そのものです。感情をむき出しにするのか、あるいは言葉で表現するのか。そのとき、どんな言葉を使うのか。ひとつひとつ選択していきましょう。

ドーパミン中毒の罠に気をつけよう

本来、私たちは自分の感情をコントロールすることができません。

例えば不安や恐怖という感情は、脳の中にある扁桃体が興奮することによって起こりますし、怒りが生まれるときには、大脳辺縁系が活発に動くことがわかっています。セロトニンという脳内物質が分泌されると、気持ちが安定して幸せを感じやすくなりますし、何か目標を達成するとドーパミンが分泌され、気分が高揚します。

こうした脳の働きは、私たちの目や耳から入力された情報、あるいは思考や認識によってもたらされます。

そこで、幸福感を得るために早起きして朝日を浴びて運動してみたり、達成感を得るためによりレベルの高い目標を掲げて努力したりするといった行動を選択するようになります。

つまり感情そのものは選択できないので、行動や思考を通じて、間接的にコントロールするわけです。

ところが、そうした方法は手間がかかるので、私たちは一足飛びに感情を直接コントロールしようとします。

例えばお酒を飲むとドーパミンが分泌されるので、手軽に快楽を味わうことができます。ギャンブルやショッピングも同じです。さらに他人にマウンティングしたり、ネットで誰かを執拗に叩いたりすることでもドーパミンが放出されます。

こうした状態に慣れてしまうと、お酒やギャンブル、他人を攻撃することによってもたらされる快楽物質の依存状態になってしまいます。いわばドーパミン中毒です。

これは幸せの前借りのようなもので、後で余計につらくなってしまいます。さらに恐ろしいのは、お酒やゲームのように中毒性のあるものは、耐性がついてしまうので、どんどんエスカレートしてしまうことです。

ドーパミン中毒について詳しく知りたい人には、『ドーパミン中毒』(新潮社)という本がおすすめです。

依存性のあるものに頼ったり、他人を攻撃したりすることで、一時的な快楽は得られますが、自分自身の置かれた状況は何も変わりません。長期的に見れば、マイナス面のほうが大きいことは明らかです。それよりも毎日1万歩歩くとか、自分の立てた小さな目標をクリアするほうが余程手軽で簡単です。あるいは猫を抱いているだけでもオキシトシンという幸せホルモンが分泌されますので、そちらもおすすめします。

ネガティブ・ケイパビリティをもとう

もうひとつ大切なことは、自分の中にあるネガティブな感情を否定しなくていいということです。

不確実なもの、対処できない事柄について、なんとかしようとするのではなく、あるがままに受け止める力のことを、ネガティブ・ケイパビリティといいます。

これは言い換えるなら、自分の中にあるネガティブな感情を受け入れ、共存する能力とも言えます。

悩みや怒り、不安、嫉妬、苦しみ。どんな人にも、こうした感情はあります。

私たちは、ポジティブでいることとイコールいいことという刷り込みがあるので、心の中にネガティブな感情が芽生えると、それを排除するために、焦って解決しようとしたり、見て見ぬふりをしたり、だめな自分を責めてしまったりします。

そうしたネガティブな感情をなんとかしようとするのではなく、あるがままに受け入れることが大切です。

そもそもポジティブとネガティブは表裏一体です。よい人か悪い人か、この出来事はよいか悪いかといった二元論で判断するのではなく、よいところもあれば悪いところもある。それをあるがままに受け入れることで、自分が楽になります。

ネガティブな感情は決して悪いものではありません。無理にポジティブな感情に切り替える必要もありません。生きている限り、どんな人にもネガティブな感情はつきまといます。

怒りや不安、悲しみ、嫉妬といった感情が湧いたときには、無理にふたをするのではなく、直視することも大切です。それをきっかけに幸せを摑んだ人も大勢います。

つまり、自分自身のネガティブな感情に対して、どのように接するかという選択の問題です。

ネガティブ・ケイパビリティについては、いくつか書籍も出ていますが、私のおすすめは『ネガティブ・ケイパビリティ　答えの出ない事態に耐える力』（朝日新聞出版）です。ご関心があればぜひ読んでみてください。

ネガティブな感情の中にもヒントがある

多くの人は、悩むことをネガティブにとらえ、人生から悩みをなくそうとします。しかし悩みというのは、ヒントの宝庫でもあります。悩んだまま終わらせてしまうのはもったいないことです。

悩みと向き合うために、私は、内省の時間をもつことをおすすめしています。自分が何をしたいのか、どんなふうに生きたいのか、一日の中で一人きりになって、自分自身に問いかける時間をもつことです。机の前でなくても、寝る前や電車の移動時間、お風呂やトイレに入ったときでも構いません。一人きりになって、その間は、SNSや動画を見ないようにします。

一日に起こった出来事、どのように自分が感じたのかを振り返ってみると、見過ごしていた不都合なこともたくさん出てくると思います。例えば、誰かをうらやましいと思う感情です。

『さおだけ屋はなぜ潰れないのか？　身近な疑問からはじめる会計学』（光文社）という大ベストセラーがあります。著者の山田真哉さんは公認会計士です。

２００５年の発売当初、この本を読みました。とても面白い本ですが、正直に言うと、自分にも書けるのではないかと思いました。

では山田さんと私で何が違うのか。それは、まず本にする力、そして売る力があるかどうかだと考えました。そして、その差分を埋めるための方法を考えました。まず書店で隣に並べてもらえる本をつくろう、そのためには光文社新書から出版する必要があるというようにです。

そして２００７年に出版したのが『お金は銀行に預けるな　金融リテラシーの基本と実践』です。ありがたいことに41万部のベストセラーとなりました。

この人のこんなところがいいな、うらやましいなと思ったら、その感情を直視してみましょう。どの点をうらやましいと感じるのか、自分が取り入れられるポイントがあるとしたらどんなことか、考えてみてください。

うらやましいと感じるのは、自分もやってみたいと思うからです。感情にふたをするよりも、自分の成長の糧にしたほうが豊かな人生を送れます。落ち込んだり、ましてや相手の足を引っ張ったりしている時間はありません。

3分でできることをリストアップしよう

自己内省を通じて、ネガティブな感情の中にヒントを見つけたら、3分でできることをリストアップしてみてください。

先ほどの例であれば「他の作家さんがベストセラーを出していてうらやましい」→「どの出版社か調べてみよう」というようにです。

漠然とした不安や悩みがあるときも同じで、まずは3分でできることを考えます。

例えば貯金がなくて不安を感じているとしたら、次のようなTo Doリストになると思います。

- **家計簿アプリをダウンロードする**
- **積立預金について検索してみる**
- **積立NISAの問合せフォームに入力する**

大事なことは、一度に全部解決しようとしないことです。貯金がないという悩みに気づいたからといって、「節約して来月から毎月10万円積み立てる」という目標を掲げても、なかなかうまくいかないと思います。

まずは3分で解決できそうなことをリストアップしてみてください。そして、空き時間などにひとつひとつ実行していきましょう。私はGoogle KeepにTo Doリストを作っています。

マッキンゼーにいたとき、先輩のコンサルタントから「海の水を沸かそうとするな」と教わりました。広大な海の水を沸かそうとしても、そもそも不可能です。けれどもビーカーに入れた海水はすぐに沸かすことができます。

つまり、**やみくもに問題を解決しようとするのではなく、問題を特定して、小分けにすることで、それぞれの解決策を考えるということです。**

同じように、悩みや不安をすべて解決しようと考える必要はありません。3分でできることをリストアップすることで、自然に問題は小分けにされていきます。小さな解決策を繰り返し実践しているうちに、大きく見えた悩みも、いつの間にか解消しています。

第8章

消費（もの）の選択

快適さと欲望のはざま

買い物に絶対的正解はない

現代を生きる私たちが、一日で最も多くしている選択は、買い物かもしれません。よく相談を受けるのは「選択肢が多すぎて決められません」というものです。

確かにガジェットひとつ買うにも、無数の選択肢があります。しかも次から次へと新商品が発売されるので、余計に決められなくなってしまいます。

買い物に関しても「絶対的な正解がある」わけではないのが鉄則です。

これだけたくさんの選択肢がある中で、一発必中で正解にたどり着こうとすると、いつまで経っても決められません。例えばＰＣのマウスを買うのに、ベストなものを買おうとして、数千、数万の選択肢を比較検討するのは、時間の無駄ですし、ほぼ不可能です。

こんなときには、まず予算やスペックの最低ラインを決めてください。次に、その条件を上回る候補を４つ見つけてください。候補が揃ったら、その中で一番いいと思うものを選べばオッケーです。

勝間式 超ロジカル選択術では、選択肢を増やすことが鉄則で、よりよい意思決定のためには、4つ以上の選択肢をもつことが望ましいとお伝えしました。3つの選択肢を検討する中で、自分の選択基準や優先順位が明確になり、4つ目以降の選択肢と比較することで、納得のいく選択ができるというものです。

選択肢が多すぎる場合でも、考え方は同じです。まず4つの選択肢を用意することに集中してください。

私たちの一番の資産は時間です。自分の財政状況が許す限り、すぐに買って、だめなら別の方法を探すほうが、最終的に将来の利益を大きくすることができます。

いつでも返品できるところで買おう

勝間式 超ロジカル選択術の鉄則は、常にバックアッププランを用意することです。

私がAmazonで買い物するのは、選択肢が圧倒的に多いことに加えて、返品が簡単だからです。間違って購入してしまった場合、Amazonのサイト上で必要事項を入力するだけで、自宅まで取りに来てくれます。こちらですることは、二次元コードを発行して荷物に貼るだけです。

Amazonにしてみれば、返品理由を細かくヒアリングして審査するより、さっさと回収してリピートオーダーさせるほうが、運営面で合理的なのだと思います。

1 選択肢を増やす

2 ベターな選択をしやすいように仕組み化する

3 常にバックアッププランを用意する

この勝間式 超ロジカル選択術の鉄則を満たすという点で、Amazonの右に出るところは、いまのところ見当たりません。

私はairClosetを利用していますが、これも同じ理由です。洋服にかかる費用を抑えられるだけでなく、毎月送られてくる洋服を着てみて、気に入ったものがあれば買い取りますし、似合わないなと思ったら、返送するだけで済みます。

私は不精なのでやっていませんが、メルカリやヤフオク！などを利用してもいいと思います。仮に定価の半額で売れたとすれば、半分の金額で経験を買い、よりよい選択につなげられます。

いざとなれば後戻りできるようにしておくと、進んでリスクをとれるようになり、選択肢が増えます。挑戦した分だけ、経験値も上がっていきますから、さらに賢く選択できるようになっていくわけです。

絶対的な正解がない以上、一定確率で間違う可能性を常に織り込んでおく。間違ったとしても、ミスを致命傷にしないことがここでも大切です。

マンネリを感じたときは選択の幅が狭まっている

最近、生活が変わり映えしないなと感じたら、選択の幅が狭まっていないか、見直してみましょう。

私たちは基本的に怠け者なので、放っておくと同じものばかり選択するようにできています。いつもと同じスーパーで同じ商品を買い、聴き慣れた音楽ばかり聴くというようにです。

同じことばかり繰り返していると、新しいものを試すのが億劫になっていきます。それは

老化です。

仲良しの美容ライターで、『女の運命は髪で変わる』（サンマーク出版）の著者である佐藤友美さんが強く推奨していますが、美容院は5年に1回変えたほうがいいそうです。馴染みの美容師さんにお任せするのは楽ですが、自分と一緒に歳をとっていくので、流行から遠ざかってしまうのだそうです。

また、私はよくAmazonで買い物しますが、定期購入サービスは使いません。それは選択が固定されてしまうからです。

買い物するときは、所有価値ではなく体験価値を大切にすべきですが、定期購入サービスにしてしまうと、同じことしか経験できなくなってしまいます。その都度探すほうが、よりよい体験価値を得られる可能性が高いのです。

いつも同じ音楽を聴き、同じ髪型で、同じようなメイクばかりしていると、自己表現の幅はどんどん狭まってしまいます。

選択の幅を広げるために、コンピューターの力を借りてもいいと思います。AmazonやNetflixでは、これまでの閲覧履歴から気に入りそうなものをリコメンド（推薦）してくれますから、それを試すだけでも経験できることは広がります。私は音楽を聴くとき、YouTube Musicの楽曲ランキングから選んでいます。

先日出版した『仕事も人生もうまくいく！　勝間式 タイムパフォーマンスを上げる習慣』（宝島社）では、表紙デザインをどれにするか、勝間塾の皆さんに投票してもらって決めたのですが、自分なら選ばなかったはずの表紙になりました。自分の好みだけで決めると、どうしても同じようなものばかりになるので、投票も有効だと思います。

新しいもの、これまで馴染みのなかったものに触れる機会を意識的につくることで、選択の幅は自然と広がっていきます。

選択を誤らせる広告を見ない

無意識のうちに選択を歪ませるものがあります。その最たるものが広告です。

私たちは毎日、膨大な量の広告に触れています。そして広告で見たものがいいものであるかのように錯覚します。例えばスーパーマーケットでカレールーを選ぶとき、広告で見たものをつい手に取ってしまう人も多いのではないでしょうか。

問題は、巨額の広告費をかけてテレビやインターネットでCMを流しているからといって、商品の質が高いとは限らないことです。むしろ同じような商品で値段が変わらなければ、広告費をかけている分、材料費を抑えている可能性すらあります。

いいものはお金をかけて宣伝しなくても売れるはずですから、広告費に多額の予算をかけている会社の商品は、少し疑ってかかるようにしています。

私はサイゼリヤが好きですが、その理由のひとつに、テレビや新聞、雑誌の広告を一切打たないことがあります。おいしいイタリアンを数百円で食べられるのは、広告にお金を使わず、その分を原材料費に回しているからだろうと思います。

つまり広告に惑わされてしまうと、自分にとって本当によいものを見極めることが難しくなってしまい、品質やサービスよりも、そこに上乗せされた広告にお金を使うことになってしまいかねません。

適切な選択のためには、生活に入り込んでくる広告を意識的にカットすることが必要です。

私は、テレビを見ないことは前述で触れた通りですが、YouTubeについても月額1180円支払ってプレミアム会員になり、広告なしで再生しています。SNSを見るときは、広告フィルターを入れています。

プレミアム会員や広告フィルターにかかる費用がもったいないという人もいるかもしれません。ただ私にとっては、広告を見る時間のほうが無駄です。そもそもYouTubeを無料で見られるのは、広告を出した企業の商品を視聴者が買ってくれるからで、そう考えると、間接的にお金を支払っていることになります。

それがよい商品であればともかく、知らず知らずのうちに影響を受けて、広告費をかけなければ売れないものを買うくらいなら、プレミアム会員になるほうが私にとっては合理的な選択ということになります。

スマホは2年に1度買い替えよう

スマホは2年に1回、新しいものに買い替えることをおすすめします。

スマホは消耗品です。技術進化のスピードが速いので、CPUの処理速度やメモリ容量も、1年で驚くほど改善されます。そのため、数年前のスマホを大事に使い続けるよりも、2年を目処に買い替えて、常に最新機種を使うようにしたほうが圧倒的にパフォーマンスが高いのです。

洋服に1万円出しても、ガジェットに1万円払うのは惜しいという人がいます。

しかしよく考えてみると、どんなに気に入った洋服でも、年間のうち着られるのは、せいぜい数十日でしょう。季節もありますから、365日のうち、身に着けられるのはわずかです。

一方、スマホは365日使う人がほとんどです。仕事のやりとりや友人とのコミュニケーション、健康管理など、あらゆる用途でパフォーマンスが上がるので、ガジェットに投資することほど効率のよいことはないと私は考えています。

逆に言うと、買い替えることを前提に、あまり高いスマホは買いません。2年に1度買い替えることを考えると、iPhoneは高すぎます。

私はAndroidのGoogle Pixelを使用しています。7万~8万円も出せば買えますし、古いスマホも数万円で下取りしてくれるので、実質3万円も出せば、常に最新機種を使うことができます。以前はiPhoneを使っていましたが、iPhone Xが発売され、最新機種が10万円を超えた時点で、Androidに乗り換えました。Androidの利点は、Googleアプリがあらかじめインストールされていること、サードパーティのアクセサリの汎用性が高いことです。

私は日常のちょっとしたタスクをGoogle Keepで管理しています。自宅のPCでGoogle Keepを開いて書き込んでおけば、すぐにスマホに同期されます。

例えば買い物リストも、スマホの位置情報と連携することで、ドラッグストアに行ったら洗剤の補充パックを買うといったタスクを入力しておけば、お店の近くに行ったとき、スマホにリマインダーが表示されます。

仕事の効率は、道具のレバレッジで大きく変わります。常に新しいものにアップデートすることで、パフォーマンスを高めることができます。

特にガジェットやテクノロジーについては、日進月歩のスピードで進化していますので、アップデートを怠っていると、どんどん置いていかれてしまいます。

コース料理よりもアラカルトを選ぼう

レストランに行くときもコース料理ではなく、アラカルトで注文します。そのほうが選択肢が固定されず、自分の好きなものを食べられるからです。

コース料理やセットメニューは、別々に注文するより安くなっていることが多く、一見お得に見えます。しかし実際には、それほど食べたくないけれどもコースに含まれているものがあり、まあいいか……と思いながら食べることになります。

それよりも自分が本当に食べたいものだけ注文するほうが、満足度も高くなりますし、結果として会計も安く済むことが多いのです。

お寿司も回転寿司が一番です。なぜなら、自分の好きな皿を好きなだけ取って食べられるからです。友人と回転寿司に行くときは「自分の皿制度」を取り入れています。自分で取った皿の分だけ各自で会計するというルールです。割り勘のときには遠慮して、ウニやホタテなど高いものはあまり食べないようにしていたのですが、このルールにしてからは、みんなで好きなものを食べています。

バイキングにはあまり行きません。バイキングや食べ放題は、どれだけ食べたとしても、料金の元をとることはほぼ不可能です。お店としては、残って廃棄する分量まで計算して料金を決めているからです。つまり、先ほどのコース料理の話と同じで、自分が食べたいと思わないものにまでお金を払うことになってしまいます。

ただ友人に誘われて行くときには、ひとつだけ決めているルールがあります。それは、取りに行くのは一度だけということです。

まずバイキング会場をひと通り歩いてみて、どんな料理があるか把握します。その中から、お腹の空き具合と時間から逆算して、自分が一番食べたいものだけを選びます。このときデザートまで一気に取ってしまいます。

とりあえず目についたところから取り始めると、もっとおいしそうなものがあったと後から気づいてもお腹いっぱいになっていたり、デザートまでたどり着けなかったりする可能性があるからです。

もちろん、ここまで厳密に考えなくても、単純に楽しく食べたいものを食べればいいと思います。ただ限られた選択肢の中で、目先のものから選ぶのではなく、自分にとって最良のものを選ぶようにしていただけたらと思います。これはバイキングに限った話ではありません。

予算は使い切らず、3分の1までにしよう

いざとなれば後戻りできるようにしておくためには、予算を使い切らないことも大切です。

私は最近、プロジェクターが欲しいなと思って探しています。この場合、仮に予算が10万円あったとしたら、いきなり9万8000円のものを買わず、3万円以内に収めるようにします。つまり予算の3割を勉強代として使うのです。

3万円以内で買ったプロジェクターを使っているうちに、自分にとって、どの機能が必要かということがわかってきます。このままで十分だなと思えば、使い続ければいいことですし、この機能はもう少しアップグレードしたいと思えば、5万円、7万円のものを買ってみ

ます。

まず購入して、実際に使ってみることで、自分の選択基準がアップデートされ、よりよい選択ができるようになります。

もしメルカリなどで売れやすい人気商品であれば、もう少し高いものを最初に買ってもよいと思います。6万円のものを買って、半額で売れれば同じことだからです。

要は最初から予算を使い切らず、2、3回は買い直せるようにしておくことです。一発必中を期待して、予算を使い切ってしまうと、リカバリーが利かなくなります。

私は最近、ＰＣのマウスを白いものに替えました。それまで黒いマウスを使っていたのですが、マウスパッドが黒いので、マウスが黒いと視認性が悪く、コンマ何秒か摑むのに時間がかかることがわかったのです。そこで同じ型の色違いを購入したところ、格段に作業が快適になりました。

最初から白を選ばなかったのは、汚れやすいだろうと思ったためです。ところが一日に何百回もマウスを操作する場合、視認性も大切な要素だということが使ってみて初めてわかりました。そうした細かな使い勝手は、触ってみなければわかりません。一発必中で最高のマウスを手に入れようとしても、ほぼ不可能ですから、失敗を織り込んだ上で、予算を配分することが大切です。

私たちの収入には限りがあります。情報が不十分な中で、予算の全額を使い切ってしまうと、やり直しができません。限られた予算の中で、バックアッププランを用意しながら、よりよい選択に近づいていけばいいのです。

重量パフォーマンスと容量パフォーマンスを考えよう

買い物するときは、商品の値段だけでなく、買った後に発生するコストを考えて選択します。値段は安くても、メンテナンスや保管にお金がかかるものは、長期的に見ると、かえってコストがかさみます。

特に気をつけたいのは、重量パフォーマンスと容量パフォーマンスです。つまり場所をとるもの、重量のあるものは、たとえ値段が安くても、保管や処分にコストがかかるので、慎重に選びましょうという話です。

私は仕事用にたくさんのＰＣを持っていますが、すべてノートＰＣにしています。それも重量パフォーマンスと容量パフォーマンスを考えた結果です。

デスクトップPCは場所をとりますし、修理サービスに送ったり、下取りに出したりするのも大変です。ノートPCなら、場所もとりませんし、持ち運べますから、どこでも仕事ができます。

100円ショップなどでかわいい雑貨が売られていると、ついたくさん買いたくなります。これも同じことで、値段の安さに惹かれて買ってしまうと、買ってからの保管場所、整理整頓や掃除に思ったよりもコストがかかり、結局高くついてしまうことがあります。

それを買って眺めているのがうれしいということは私にもありますし、好きなものを買っていただければと思います。ただ、買う前にパフォーマンスは考えましょうということです。

私は、PCのそばに巻尺を置いています。Amazonなどネットで買い物するときにサイズを測るためです。サイトに掲載された写真だけを見て、このくらいのサイズだろうと思って買うと、とんでもない大きさのものが届いて、びっくりすることがあります。もちろんサイトに寸法は掲載されていますが、その数字だけを見て、だいたいこのくらいのサイズだろうと思って注文すると、大きすぎたり、逆に驚くほど小さかったりします。

そこで、注文する前には、必ず巻尺で寸法を確かめ、収納場所に収まるかどうか、確認するようにしています。

所有価値ではなく体験価値で選ぼう

経済学では「地位財」「非地位財」という言葉があります。「地位財」は、他者と比較することで満足感が得られる財産のことです。例えば高級ブランドの時計やバッグ、スポーツカーなどは「地位財」にあたります。一方、「非地位財」には健康や自由、居心地のよい環境などがあります。

地位財による幸せは長続きしないが、非地位財による幸せは長続きしやすい傾向があるというのが通説です。

例えば高級ブランドのバッグを買えば、その瞬間は心が満たされます。友人から褒められたり、うらやましがられるかもしれません。しかし、どんなに高級なバッグを買っても流行り廃りがある上、自分よりも高いバッグを持っている人がいたら、急に色褪せて見えるかもしれません。

何かを買うときには、所有価値ではなく体験価値で選ぶことをおすすめします。つまり自動車を所有することが目的なのか、それとも自動車に乗って、家族や恋人とドライブに行く体験を得ることが目的なのかということです。

もし後者であれば、わざわざ車を買わなくとも、レンタカーやカーシェアで十分かもしれません。20～30年前であれば、高価な車を持っていることがステータスになったかもしれませんが、もはやそんな時代ではありません。

地方に住んでいたり、小さな子どもがいたりして、車がなければ生活できないという人もいると思います。その場合も、フットワークよく移動できることにお金を払うのか、それとも他人がうらやむ車を所有したいのかで、選ぶ車は変わります。

前者であれば、型落ちや中古車であっても体験価値は変わりませんから、その分、お得に買うことができます。

私は家電製品を買うときは、型落ち品を選ぶようにしています。最新モデルが発売されると、一世代前のモデルは10パーセントから20パーセント安くなることも珍しくありません。機能もさして変わらないので、体験価値で選ぶなら圧倒的に得です。

最新モデルには、マーケティングにかかる費用が上乗せされています。人気芸能人を起用してこれでもかと流される広告、家電量販店の販促スタッフ、すべて消費者がお金を払っているわけです。

最新モデル割増金の罠にかからないようにしましょう。

快適な環境を選ぶためのVAKモデル

「地位財」よりも「非地位財」を増やしていく。所有価値ではなく体験価値で選ぶ。これを繰り返していくと、自分にとって快適なものにお金を使えるようになっていきます。何を快適と感じるかは人それぞれです。

自分が快適と感じるものを選択するには、VAKモデルも有効です。人間の感覚を視覚・聴覚・身体感覚の3つに分類したもので、神経言語プログラミングの分野で使われる用語です。

V（Visual）……………視覚
A（Auditory）…………聴覚
K（Kinestic）…………身体感覚

3つのうち、優位になる感覚は人によって変わります。自分がどの感覚が優位なのか知ることは、快適な環境づくりに役立ちます。

視覚優位の人は色やデザインなど目から入る情報を重視します。洋服やインテリアを買うにも、色がきれいなもの、おしゃれなデザインのものにこだわります。

聴覚優位の人は、耳から入る情報を重視します。家を選ぶときには、騒音の少なさを優先したり、音楽鑑賞にこだわって、高価なオーディオにお金をかける人もいるでしょう。

私の場合、身体感覚が優位で、次に聴覚、最後に視覚です。洋服は肌触りや着心地のいいものを選ぶようにしていますし、寝具にもこだわって、寝心地のよい空間をつくることにお金を使っています。逆に、おしゃれだからといって着心地の悪い洋服は欲しいと思いませんし、オーディオに何百万円もかけようとも思いません。

どの感覚が優位かということがわかると、自分にとって快適な環境を選択しやすくなります。

VAKモデルについては、Web上で簡単な診断テストも公開されていますので、興味のある方は試してみてください。

住宅ローンは最大の機会損失

人生最大の買い物は、住宅だと言われます。

多くの人は、30年の住宅ローンを組んでマイホームを買います。これまでも何度かお伝えしてきたように、私は住宅ローンには反対しています。その理由は、第3章でお話ししたように、機会費用が失われるからです。

住宅ローンの月々の返済額は、手取りの30パーセント以内と言われます。しかし、これは明らかにオーバーローンです。

不動産会社は、高額の物件が売れるほうが儲かりますし、銀行にしてみれば、長期にわたって高額のローンを組んでもらえれば利息が入り続けます。そのため、手取りの30パーセントなどと言って、ギリギリのローンを組ませようとするわけです。

そもそも30年ローンを組むということは、30年間、自分の生活が変わらない前提に立つということです。

終身雇用が当たり前で、給料も右肩上がりの時代には、それでもよかったかもしれません。異動や単身赴任はあっても、ひとつのところに勤め続けられたからです。

ところが現代では、新卒で入った会社に定年まで勤め続けようとしても、人員削減に遭ったり、会社がなくなってしまったりすることも珍しくありません。30年間、住む場所も収入も変わらないという前提は、もはや成り立たないわけです。

かつては住宅価格も右肩上がりでしたから、自分の置かれた状況が変われば、家を売って引っ越すことも容易でした。それは人口が増加していたからです。これから人口が先細りになっていく時代には、中古で売ろうにも買った当時の価格より値下がりして、負債を抱え込むことになりかねません。

そういう私も20代のころ、住宅ローンを組んでマンションを買ったことがあります。数年で売ってしまいましたが、その間、転職を考えても住宅ローンのことが頭に浮かんでしまい、ローンの返済があるから転職できないと考えるようになりました。

幸い売却できたものの、払い込んだ頭金の分だけマイナスになり、その分を家賃に回していたら、相当いい賃貸物件に住むことができたと後悔したものです。

もし住宅ローンを組むなら、収入の20パーセント以内に収めるべきです。税引後の手取りから3割、4割を持っていかれてしまうと、身動きがとれなくなり、転職や独立、移住といった選択肢が失われていきます。

選択肢を増やすには荷物を軽くしてみよう

私は、これまでバックパック派でした。外出先で仕事をするためのPCやガジェットを持ち運ぶことができ、かつ両手が自由になるからです。両手を空けて身軽にしておくと、フットワークが軽くなります。

外出先で気になった場所に足を延ばし、新しいお店がオープンしていれば、ちょっとのぞいてみる。両手が荷物でいっぱいになってしまうと、そんなことも億劫になりますし、荷物が増えるので今度にしようと先送りにしがちです。

セレンディピティという言葉があります。思いがけない偶然がもたらす幸運のことですが、セレンディピティを引き寄せるコツは、あと一歩の行動力を積み重ねることです。つまり身軽にしておくことで、セレンディピティを呼び込みやすくなり、結果として選択肢を増やすことができます。

最近ではバックパックもあまり使わず、小さなポシェットあるいはエコバッグひとつを持ち歩くようになりました。スマホの性能が大幅に進化しているので、外出先で仕事をするために、わざわざPCを持ち運ぶ必要がなくなったからです。動画編集はともかく、メールに返信したり、ちょっとした原稿を書いたりする分にはスマホがあれば十分です。最近は、スマホに接続する折りたたみ式キーボードをいくつか試して、ようやく、お気に入りのひとつが決まって、いつもそれを持ち歩いています。20年前であれば、外で原稿を書こうとすれば、PCやノート、参考書籍を持ち運ぶ必要がありましたが、いまやスマホがあれば事足ります。参考書籍を確認するときも、Kindle からアクセスするだけです。

SIMにつないだスマホを2台持ちしているので、外出先では小さいものをメインに使っています。自宅で大きなほうを使っている間、外出用のスマホを充電しているので、モバイルバッテリーを持ち歩く必要もありません。

荷物が重くなるほど行動範囲が狭まりますから、なるべく荷物を減らすことにしています。私は一日1万歩歩くことをおすすめしていますが、何キロもの荷物を持ったままではそれも続きません。

なるべく身軽でいること、どこでも仕事ができる環境に投資することで、場所の制約に囚われず、選択肢を増やすことができます。

第9章

私たちはどこへでも行ける

環境（仕事）の選択

収入を決めるのは能力よりも環境

多くの人は、収入は個人の能力に比例すると考えています。これは誤解です。**どれだけ稼げるか、その9割は環境要因で決まります。能力や努力が影響するのはせいぜい1割です。**

業績が伸び悩んでいる会社にいる限り、どんなに優秀で努力を重ねたところで、さほど給料は上がりません。ところが急成長中の会社では、給料や待遇は右肩上がりで伸びていきます。

ベンチャー企業などでは、ストックオプションといって、社員に持株を付与するところもあります。上場時に株式を高値で売却できれば、それだけで数百万円、時にそれ以上の金額を手にすることもあります。

これは個人の能力や努力の差ではありません。ただ環境が違うだけです。

私が働いていた外資系企業もそうです。同じ仕事をしていても、英語が使えて外資系にいるというだけで、日系企業の2倍から3倍のお給料がもらえました。トレーダーやコンサルタントの職種に就いている人だけではありません。経理や人事、総務などの管理部門も同じです。

ＩＴ化が進んでおり、無駄な会議もないので生産性が高く、利益を社員に還元できるからです。ただ成果報酬型なので、業績に貢献しない人はすぐにいなくなってしまいます。日本企業では、業績に貢献していないからといってレイオフされることはなかなかありません。その結果、窓際族と呼ばれる人たちにも給料を支払うことになります。

給料というのは、どれだけ組織の生産性を上げて利益を稼げるか、その稼いだ利益を何人で分配するかで決まります。生産性の低い慣行をそのままにしていたり、窓際族のような人がいたりする会社では、優秀でやる気のある人がどんなに稼いでも、なかなか給料は上がりません。

給料を上げたい、昇進したいと思ったとき、多くの人は、自分の能力を高めようとします。そうではなく、大事なのは、まず自分に適した環境を選ぶことです。

自分の能力を最大限に活かせる環境かどうか。その選択肢を増やすことに時間や労力を投入するべきです。

「自己責任」は間違い

その人が置かれた環境や境遇は自己責任だとする考え方があります。

しかし環境9割、能力1割の法則がわかれば、これが間違いだと気づきます。

ブラック企業に入社してしまうのは、努力しなかったからではなく、確率論です。世の中のブラック企業がゼロにならない限り、くじ引きと同じで、誰しも一定確率でブラック企業に当たってしまう可能性があるからです。

うっかり当たってしまったら、自己責任も何もありません。過去の選択を悔やんだり、改善しようと努力したりする時間があったら、さっさと逃げ出すべきです。

アメリカの神経生理学者ステファン・W・ポージェス博士が提唱したポリヴェーガル理論によれば、危機に直面すると、私たちは心も体もフリーズしてしまい、逃げることも戦うこともできなくなってしまうそうです。

こうなってしまうと、第三者に助けてもらうほかありません。家族や親しい友人、医師や法的機関に助けを求めてでも、とにかく逃げ出すことが大事です。

もしブラック企業に入ってしまって、ここにいて大丈夫だろうかと思ったら、体が動くうちに逃げてください。私たちは現状がつらいときほど「まだ大丈夫だ」と考えがちです。これは現状否認です。

「仕事は我慢料」と言う人がいますが、これは間違いです。働いても給料が上がらない職場、尊厳が損なわれるような環境で、我慢して働き続ける必要はありません。

もちろん仕事である以上、我慢がゼロになることはなかなかありませんが、楽しみややりがいよりも我慢が上回るのは危険水域だと思うべきです。

そもそも我慢というのは将来投資です。一時的に我慢すれば、中長期的に報われるならともかく、報われない我慢は自分を疲弊させるだけです。

現状に満足しているときは、「ここにいて大丈夫だろうか」という疑問は起こりません。このような疑問が浮かぶ時点で、危険だと思うべきです。そのまま選択を先送りにしていると、気づいたときには逃げ出す力さえ残っていないということになります。

その会社で出世するタイプを見極めよう

よく「上司が話を聞いてくれない」「上司に腹が立つ」と言う人がいますが、それは仕方がありません。そこにいる限り、相手の立場が上だからです。上司は変えられませんから、自分が異動願いを出すか、いつか人事異動で上司がいなくなるのを待つか、別の会社に行くか、どれかを選ぶことになります。

別の会社に行くときは、自分がまともだと思う人間しか生き残れないような会社を選ぶことです。

どんなに優秀でもパワハラをするような人は即座にクビにする会社もありますし、人格に問題があっても、営業成績がよければ残すという会社もあります。後者のような会社に入ってしまうと、パワハラ上司から逃れるのは至難の業です。

パワハラが横行している組織で働いていると、気が休まるときがありません。パワハラをしてもとがめる人がいないので、いつ自分がパワハラのターゲットになるかわからないからです。このような組織には、心理的安全性がありません。心理的安全性というのは、組織の中で恐れず意見を表明でき、自分らしくいられる状態をいいます。心理的安全性がない組織に勤めるほどつらいことはありません。

何をよしとするかという正義は、会社によって違います。何をよしとするかは、企業文化そのものです。

例えば利益のためなら、顧客の足元を見たり、法律すれすれのことをやっても構わないという会社もあります。そういう会社に、お客さまに喜ばれたいと思っている人が行ってしまったら、つらいだけです。

こうした社風は、外から見るだけではわかりづらいので、できれば入社前に、中にいる人に聞くのが一番です。あるいは自分の知り合いや先輩が入社していたら、どういうタイプの人が入社して、どんな人が出世しているのか見てみるとわかりやすいと思います。他人に迷惑をかけても気にしないような人が出世している会社だとしたら、そういう企業文化だということです。

就職はお見合い結婚のようなものです。むしろ人生の中で、配偶者と過ごす時間よりも会社にいる時間のほうが長いかもしれません。配偶者を選ぶのと同じくらい、気合と根性を入れて環境を選びましょう。

家父長制の〝昭和〟な会社は避けよう

職場を選ぶとき、組織の文化や風土は重要な要素です。特に働く女性にお伝えしたいのは、家父長制の組織を選ばないことです。

家父長制というのは、父親が家族に対する支配権をもち、妻や子どもは従うべきという考え方です。要は、無能なおじさんでも歳をとれば自動的に出世していくということで、こうした男性優位や年功序列の考え方は日本社会に根強く残っています。

家父長制の会社に入ってしまうと、どんなに優秀な女性でも、出世のチャンスはほとんどありません。

私が大学を卒業して最初に入社した監査法人もそうでした。「結婚します」と伝えると、「じゃあパートになってください。いつから契約を切り替えますか？」という感じです。

彼らに悪気があったわけではありません。その監査法人では、パートになったからといって、それほど給料が下がるわけでもなかったので、そのほうが時間の融通も利いて楽だろうと思われたのかもしれません。

家父長制の会社かどうかは、会社のサイトを見ればおおよそわかります。経営陣に背広を着たグレーヘアの男性しかいない会社は、まず疑ってかかりましょう。

逆におすすめしたいのは、経営陣に女性や若者、外国人が3割以上いる会社です。こうした会社は、風通しがよく、能力主義である確率が高いからです。

これに当てはまるのは、日本ではベンチャー企業が多いのですが、それは歴史が浅く、予算も限られる中、家父長制を取り入れている余裕がなかったからでしょう。

政治の世界を見ると、まだまだ男性優位社会だと感じます。そこでどうしても実現したいことがある人は、あえて家父長制に適応しながら生き残っていくという手段もあります。

ただ自分を押し殺さなくてはならず、時間がかかる上に、回り道になって効率が悪いので、家父長制の組織は避けることをおすすめしています。

住む場所も自分で選ぼう

収入は個人の能力ではなく、9割は環境要因で決まるとお話ししました。これは職場に限った話ではありません。住む場所の選択も同じです。

自分がチャンスを摑めるかどうかは、能力や努力次第と考えがちですが、そうではありません。業績が伸びている会社に入れば、大した努力をしなくとも給料が上がっていくように、生まれ育った国や地域によって、大きな差が生まれます。

世界的に見れば、日本に生まれたというだけで、非常に恵まれた条件にあります。いまのところは紛争もなく、生命や安全が脅かされることも基本的にはありません。誰もが教育を受けられますし、言論の自由も保障されています。

しかし同じ日本国内でも、地元に就職口があまりなかったり、高校進学を希望するには親元を離れなければならなかったりする地域もあります。所得水準もばらばらです。

日本の都市別所得ランキングを見ると、東京・名古屋・大阪の三大都市圏が上位にランクインしています。これは東京・名古屋・大阪の住民が他のエリアと比べて、特に勤勉だからという理由ではありません。

そもそも東京・名古屋・大阪が都市として発展したのは、いくつかの地形的条件を満たしていたからです。大きな川があり、海に面しているので、交通の要所となり、人やものの往来が盛んにありました。ある程度の広さの平野がありながら、外から攻め込まれづらい地形だったことも一因です。

さらに気候が比較的温暖で、雪が積もることもほとんどありません。雪深い地域では、どうしても除雪に時間がとられてしまいますが、その分の時間を別の活動に充てられるので、生産性が上がりやすくなります。

その結果、経済発展しやすく、教育や文化が栄えることになります。住む人たちの努力の有無にかかわらず、差が出てしまうのです。

地政学という学問を学ぶと、私たちの文化や生活習慣は、民族的な性質以上に、置かれた場所の地形や気候に大きな影響を受けていることがわかります。

何を有利不利とするかは、人それぞれです。就職口が多くなくても、自然が豊かな場所で暮らすほうがいいという人もいます。

大切なことは、環境要因があることを知った上で、自分が住む場所を戦略的に選ぶことです。自分には不利だと感じたら、引っ越すことも選択肢のひとつです。

快適な仕事環境は自分でつくろう

コロナ禍の影響でよいことがあるとすれば、リモートワークが普及して、自分が働く場所を選択しやすくなったことでしょう。

これまではメールの返信ひとつするにも、満員電車に乗って職場に行くのが当たり前でした。一部の企業では、出社を義務づけるなど揺り戻しもあるものの、自宅で仕事ができるという選択肢が増えたのは本当にいいことだと思います。

自宅で仕事をすることの最大のメリットは、仕事環境を自分でコントロールできることです。オフィスの設備投資を自分一人で決めるのは困難ですが、自宅の設備投資はすべて自分で意思決定できます。

オフィスチェアひとつとっても自分に合ったものを使用できます。私が自宅の書斎でミズノスクワットスリールαというフィットネスチェアを使っていることはお話しした通りですが、オフィスでは、なかなか導入しづらいだろうと思います。スペースも限られていますし、動き回らないことが暗黙の了解になっているからです。私は、フィットネスチュアでくるくる回りながら仕事をしていますが、周囲にそんな人がいたら、うっとうしいだろうと思います。

オフィスに出勤した場合、特に制約が大きいのは、食事に関することではないでしょうか。大きなキッチンスペースがある会社は別ですが、普通は電子レンジと電気ポットくらいしかありませんから、コンビニ弁当を買ってきてチンするくらいしかできません。時間があっても近所の飲食店に行ったり、弁当を作って持っていくことくらいしかできません。

ところが自宅にいれば調理器具は使いたい放題です。朝、ホットクックに材料を入れておけば、お昼には出来立てのおいしい料理を食べることもできます。休憩時間には、好みのコーヒーを淹れてリラックスします。

洗濯や掃除も仕事の合間にできます。日中出かけていて、溜め込んだものを平日夜や休日に一気にやろうとすると手間がかかりますが、仕事の合間にちょこちょこ進めれば、さほどの手間にはなりません。

快適な仕事環境をつくろうと思えば、いくらでもできるようになっていますから、仕事選びも含めて、生産性の上がる環境を積極的に探すことが大事だと思います。

おわりに

人生の時間を無駄にしないために

選択を先送りにしているとどうなるか

私たちの人生は選択の連続であり、よりよい選択を重ねることで、豊かな人生を送れるということをお話ししてきました。

では、選択を先送りにし続けるとどうなるのでしょうか。

選択することは、別の選択肢を捨てることです。目の前の道が2本に分かれていたとして、右の道を進むということは、左の道に進まない選択をすることだからです。

右の道にも左の道にも進むことなく、その場所にとどまっていれば、現状維持だと思うかもしれません。しかし、それは実は現状維持ではありません。世の中の物事は変化していきますので、相対的に後退していくことになります。

私は小型船舶一級の免許を持っているので、船を操縦しますが、船をまっすぐに走らせるのは意外に大変です。特に波があるときは、何もしなければもとの場所にとどまっていられるかというとそうではなく、風や波に流されて、気づいたら沖に流されて戻れなくなってしまいます。波を見極めながら、左右に舵取りし続けることで、初めて定位置にいられるわけです。

水中の魚も、ひとところに停止しているように見えますが、実はずっと泳ぎ続けています。止まった瞬間に沈んでしまうからです。寝るときには、石の上などに乗って休みます。**つまり何も選択しないということは、リスクを避けることにはなりません。選択し続けない限り、現状維持すらできずに沈むだけです。**

吉野家の牛丼も、数十年の間、味を少しずつ変え続けて改良を加えているそうです。同じ味のままだと飽きられてしまうからです。そしてもちろん、新メニューも継続的に投入しています。

同じように、いま伝統とされているものは、革新や挑戦を続けてきた結果、現代まで生き残っています。能や歌舞伎にしても、室町や江戸時代のまま上演しているのではなく、時代によって新しい戯曲や演出を取り入れているからこそ輝きを失わないのでしょう。

世の中は少しずつ変化していきますので、その変化を察知して、環境に適応する必要があります。試行錯誤を続けて、うまくいったものを取り入れることで、生き残りが可能になります。

変化を拒むあまり、いつまでも選択を先送りにし、現状にしがみついているつもりで衰退を続けているのが日本の30年間ではないでしょうか。

挑戦して、失敗したら「忘れる力」で次に進もう

勝間式 超ロジカル選択術の原則は、この3つです。

1 選択肢を増やす
2 ベターな選択をしやすいように仕組み化する
3 常にバックアッププランを用意する

リスクをとれるようになり、選択することで経験値が増えていくので、さらに選択肢が増えていく。後悔イコール悪ではないので、何度でも選択をやり直せるように、バックアッププランを用意しておく。たとえ失敗しても、そこから学ぶことで、より快適な人生を送るこ

とができる。

この原則に基づいて、時間やお金、人間関係、健康、買い物、環境といった選択についてお話ししてきました。

失敗は人生の糧ですから、そこからたくさんのヒントを得て、さらに快適な人生にしていただけたらと思っています。

その上で、最後にお伝えしたいのは、**どうしてもしんどいときには、「忘れる力」を発動してくださいということです。**

生きている限り、いろいろなことがあると思います。過去のネガティブな記憶がフラッシュバックして、いつまでも苦しめられることもあります。たとえ現在は安全な場所にいたとしても、ネガティブな記憶にいつまでも支配されてしまいます。

こうしたいやな記憶については、なるべく「忘れる力」を発動するに越したことはありません。

では、具体的にどうすれば忘れられるのでしょうか。

忘れたいことがあったら、新しい記憶で上書きするのがいいとされています。もちろん心的外傷後ストレス障害（ＰＴＳＤ）になるようなトラウマについては、単に忘れようとしても難しいので、心療内科にかかるなどの措置が必要です。

ただ日々生活していく中で、心ない人に傷つけられたり、せっかく努力してきたのに報われなかったりすることは、たくさんあると思います。そうした出来事は、忘れることが一番です。

私たちの記憶には、短期記憶と長期記憶があります。目や耳から入ってきた情報は、脳の中にある海馬というところで一時的に保管されますが、そのほとんどは短時間で忘れ去られます。ところが繰り返し思い出したり、口に出したりすることによって、大脳皮質に情報が送られ、長期記憶として刻み込まれます。

そして思い出すたびに、記憶回路が補強されてしまいます。これは水路のようなもので、思い出すたびに水が流れていっそう強固になっていきます。さらに「そういえば、あんなこともあった」などと周辺の水路からも悪い水が流れるようになってしまいます。

これを防ぐには、仲のよい友人と食事に行くでも、仕事やスポーツに打ち込むでも、とにかく別のことに専念することで、別の水路をつくり、水の流れを変えるのがいいそうです。

私が「三毒追放」、つまり「妬まない・怒らない・愚痴らない」をモットーにしているのは、ひとつにはこのためです。人を妬んだり、怒ったり、愚痴を言ったりすることで、いやな記憶がリピート再生されてしまい、ネガティブな記憶を強化することになってしまいます。それでは自分がつらいだけですから、ネガティブな記憶を引き起こすことにはなるべく触れず、記憶から消し去ったほうがいいわけです。

いやな出来事をリピート再生して長期記憶に深く刻み込むか、仲のよい友人と食事でもして楽しい記憶で上書きしてしまうか、どうせなら後者を選択したいと思っています。

快適な人生を選択しようと努力しても、思い通りにならないことは常にあります。そのときには逃げられるようにしておく、バックアッププランをもっておくなど、さまざまな方法をご紹介してきましたが、最後には忘れるという選択肢があることを覚えておいていただけたらと思います。

ぜひ勝間式 超ロジカル選択術を使って、人生を快適にする選択肢をひとつでも多くもってください。そして、どうしてもいやなことがあったら、速やかに「忘れる力」を発動してください。一度きりの人生、自分の選択で楽しいものにしていきましょう。

勝間和代

参考文献

『グラッサー博士の選択理論』ウイリアム・グラッサー／著　柿谷正期／訳　アチーブメント出版
『読むだけで絶対やめられる禁酒セラピー』アレン・カー／著　阪本章子／訳　KKロングセラーズ
『社会と経済：枠組みと原則』マーク・グラノヴェター／著　渡辺深／訳　ミネルヴァ書房
『LISTEN──知性豊かで創造力がある人になれる』ケイト・マーフィ／著　篠田真貴子／監訳　松丸さとみ／訳　日経BP
『ウォール街のランダム・ウォーカー　株式投資の不滅の真理』バートン・マルキール／著　井手正介／訳　日本経済新聞出版
『果糖中毒　19億人が太り過ぎの世界はどのように生まれたのか？』ロバート・H・ラスティグ／著　中里京子／訳　ダイヤモンド社
『ドーパミン中毒』アンナ・レンブケ／著　恩蔵絢子／訳　新潮社
『ネガティブ・ケイパビリティ　答えの出ない事態に耐える力』帚木蓬生／著　朝日新聞出版
『女の運命は髪で変わる』佐藤友美／著　サンマーク出版
『一番やさしくNLPのことがわかる本』浦登記／著　白石由利奈／監修　日本実業出版社
『ポリヴェーガル理論入門：心身に変革をおこす「安全」と「絆」』ステファン・W・ポージェス／著　花丘ちぐさ／訳　春秋社

勝間和代（かつま かずよ）

1968年東京生まれ。経済評論家、株式会社監査と分析取締役。

早稲田大学ファイナンスMBA、慶應義塾大学商学部卒業。

当時最年少の19歳で会計士補の資格を取得、大学在学中から監査法人に勤務。

アーサー・アンダーセン、マッキンゼー、JPモルガンを経て独立。

少子化問題、若者の雇用問題、ワークライフバランス、ITを活用した個人の生産性向上など、幅広い分野で発言を行う。主宰する「勝間塾」にて、なりたい自分になるための教育プログラムを展開するかたわら、麻雀のプロ資格取得、YouTubeなど、活躍の場を拡大中。

最近では、経済と効率化の実体験、研究をもとにした家事や家電選びのアドバイスも人気。

『勝間式生き方の知見 お金と幸せを同時に手に入れる55の方法』、『一生自由に豊かに生きる！ 100歳時代の勝間式人生戦略ハック100』（ともにKADOKAWA）、『できないのはあなたのせいじゃない ブレインロック解除で潜在能力が目覚める』（プレジデント社）、『勝間式 金持ちになる読書法』、『仕事も人生もうまくいく！ 勝間式 タイムパフォーマンスを上げる習慣』（ともに宝島社）など、著作多数。
■公式YouTubeチャンネル
「勝間和代が徹底的にマニアックな話をするYouTube」配信中。

後悔しない自分になる！

勝間式 超ロジカル選択術

2023年7月31日　初版第1刷発行

著　　　者　勝間和代
発　行　者　小川 淳
発　行　所　SBクリエイティブ株式会社
〒106-0032 東京都港区六本木2-4-5
☎03-5549-1201（営業部）

ブックデザイン　轡田昭彦＋坪井朋子
撮　　　影　伊藤孝一（SBクリエイティブ）
ヘアメイク　畑野和代
編集協力　渡辺裕子
校　　　正　ペーパーハウス
印刷・製本　中央精版印刷株式会社
編集担当　小澤由利子（SBクリエイティブ）

本書をお読みになったご意見・ご感想を
下記URL、または二次元コードよりお寄せください。

https://isbn2.sbcr.jp/19893/

落丁本、乱丁本は小社営業部にてお取り替えいたします。定価はカバーに記載されております。本書の内容に関するご質問等は、小社学芸書籍編集部まで必ず書面にてご連絡いただきますようお願いいたします。

ISBN978-4-8156-1989-3